어린이 마스터셰프와

한글 N

어린이 마스터셰프와 함께 떠나는 한글 NEO

초판 1쇄 발행_2022년 02월 15일
지은이 웰북교재연구회 **발행인** 임종훈
표지 · 편집디자인 인투 **출력 · 인쇄** 정우 P&P
주소 서울시 마포구 방울내로 11길 37 프리마빌딩 3층
주문/문의전화 02-6378-0010 **팩스** 02-6378-0011
홈페이지 http://www.wellbook.net

발행처 도서출판 웰북

ISBN 979-11-86296-67-7 13000

Contents

이 책의 차례

01 나는 꼬마 마스터 셰프!

학습 목표
- 엄마처럼 요리를 잘하려면 어떻게 해야 할까요?
- 재미있는 요리를 배워 우리도 마스터 셰프가 되어 보아요.

월	일	타수

에피소드 1

타자연습

- 친구들도 멋진 요리사가 되고 싶지 않나요?
- 한컴타자연습에서 이야기를 타자로 연습해요.

⊙ **연습파일 :** 꼬마마스터셰프.txt

	타수
우리 엄마는 요리의 천재예요. 어쩜 이렇게 요리를 잘하실까요?	34
나도 엄마처럼 요리를 잘하고 싶은데 어떻게 해야 할까요?	66
엄마는 칼도, 불도 위험하다고 더 크면 배우라고 하세요.	98
"엄마 아빠, 저도 이제 많이 컸다구요!"	122
나도 가족들과 친구들에게 맛있는 요리를 해주고 싶어요.	153
요리를 하려면 배워야 할 것도 많이 있겠죠?	178
맛있는 요리를 만드는 나는 꼬마 마스터 셰프!	204
너무나 재미있고 신나는 요리를 만들 거예요.	229

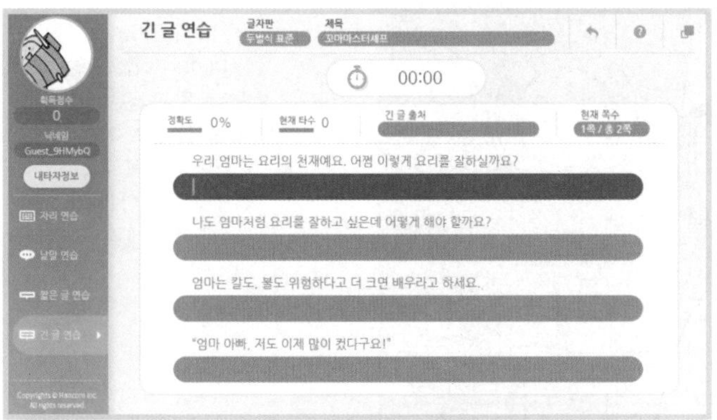

▲ 실습예제

궁금해요

셰프(Chef)는 요리사나 주방장을 뜻하는 영어 단어예요. 큰 식당에서는 구이나 튀김, 채소, 고기 등 자기가 맡은 부분을 전문적으로 하는 셰프가 있어요. 마스터 셰프는 모든 요리를 잘하는 주방장으로 식당의 모든 요리를 책임지는 사람이에요. 하얀색 멋진 요리복을 입고 높은 모자를 쓰는 마스터 셰프는 실력 있는 요리사를 의미해요.

2 이야기 그리기

- 맛있는 요리를 만드는 셰프는 멋진 모자를 쓰고 있어요.
- 머리 위의 비어 있는 부분에 멋진 요리사 모자를 그려 보세요.

⊙ **연습파일** : 마스터셰프.gif

작업예제

완성예제

그림판에서 마스터셰프 그림을 불러온 후 [색 채우기] 툴로 예쁜 색을 골라 채워 보세요. 모자는 [브러시] 툴로 그려 보세요.

따라해보세요

한글로 만들어요

- 새로운 문서를 만들고 글자를 입력한 후 수정하는 방법을 알아보아요.
- 글자를 입력한 문서를 저장하는 방법을 알아보아요.

⊙ **연습파일 :** 새로 만들기
◎ **완성파일 :** 꼬마요리사(완성).hwp

요리를 만들려면 어떤 준비를 해야 할까요? 한글에서 새로운 문서를 만들고 글자를 입력한 후 저장하는 방법을 알아보아요.

> 나는 멋진 요리사가 되고 싶어요!
> 음식을 만들어 사랑하는 가족들과 친구들에게 주고 싶어요.
> 지글지글 보글보글 맛있게 만들어서
> 음식을 나누어 먹으면 모두 즐거워 하겠죠?
> 간단한 요리부터 배우면 멋진 요리사가 될 수 있을거예요.

▲ 완성파일

① 한글 NEO를 실행하면 새로운 문서를 만들 수 있도록 비어 있는 문서가 표시돼요. 아래와 같은 내용을 비어 있는 문서에 입력해요.

> 나는 멋진 요리사가 되고 싶어요! 맛있는 음식을 만들어 사랑하는 가족들과 친구들에게 주고 싶어요. 지글지글 보글보글 맛있게 만들어서 함께 음식을 나누어 먹으면 모두 즐거워하겠죠? 아직은 어리지만 간단한 요리부터 배우면 멋진 요리사가 될 수 있을거예요.

② 입력한 내용을 그림과 같이 고쳐 보아요. 커서 앞에 있는 글자를 지우려면 [Back space], 커서 뒤에 있는 글자를 지우려면 [Delete]를 눌러요.

> 나는 멋진 요리사가 되고 싶어요! 음식을 만들어 사랑하는 가족들과 친구들에게 주고 싶어요. 지글지글 보글보글 맛있게 만들어서 음식을 나누어 먹으면 모두 즐거워 하겠죠? 간단한 요리부터 배우면 멋진 요리사가 될 수 있을거예요.

③ 줄을 나누기 위해 커서를 다음 줄로 보내려는 글자 앞에 가져간 후 [Enter]를 눌러 그림과 같이 만들어요.

> 나는 멋진 요리사가 되고 싶어요!
> 음식을 만들어 사랑하는 가족들과 친구들에게 주고 싶어요.
> 지글지글 보글보글 맛있게 만들어서
> 음식을 나누어 먹으면 모두 즐거워 하겠죠?
> 간단한 요리부터 배우면 멋진 요리사가 될 수 있을거예요.

④ 완성된 파일을 저장하기 위해 [파일]-[저장하기]를 클릭해요

⑤ [다른 이름으로 저장하기] 대화상자가 표시되면 [저장 위치]는 '문서', [파일 이름]은 '꼬마요리사'를 입력하고 [저장] 단추를 클릭해요.

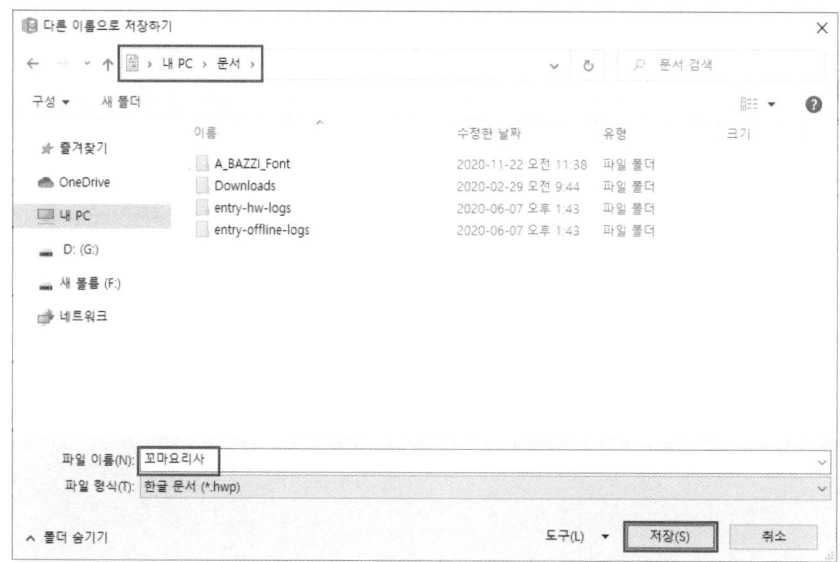

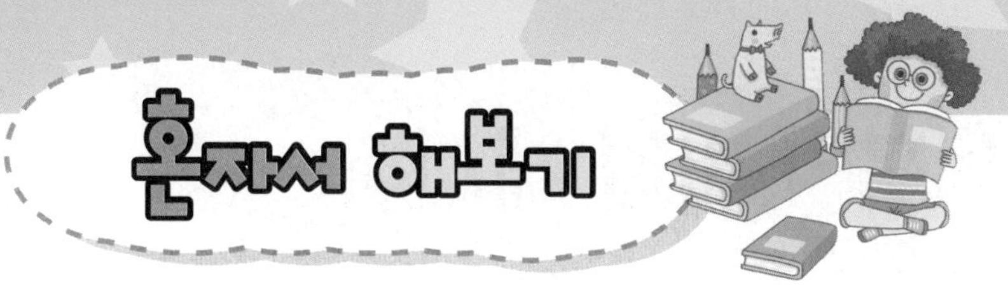

① 그림과 같이 새로운 문서에 내용을 입력해 만들어 보세요.

⊙ **연습파일** : 새로 만들기
◎ **완성파일** : 카나페(완성).hwp

너무 쉽게 만드는 간단 요리

- 오늘의 요리 : 카나페
- 준비할 재료 : 크래커, 치즈, 사과, 호두, 포도
- 만드는 방법 : 크래커위에 재료가 넘치지 않게 적당히 잘라 올려요.
  마르지 않게 랩으로 싸서 먹기전까지 보관해요.

② 그림과 같이 새로운 문서에 내용을 입력해 만들어 보세요.

⊙ **연습파일** : 새로 만들기
◎ **완성파일** : 요리준비(완성).hwp

요리를 하기 전에 준비해야 해요!

- 요리를 하려면 먼저 손을 깨끗이 씻어요.
- 깨끗한 요리사 옷이나 앞치마를 입어야 해요.
- 필요한 재료와 도구를 꺼내 준비해 놓아요.
- 요리할 때 사용하는 냄비와 음식을 담을 그릇을 준비해요.
- 요리에 필요한 재료가 모두 준비되었는지 다시 한 번 확인해요.

02 마스터 셰프의 비밀 레시피

학습 목표
- 맛있는 요리를 만드는 순서를 알아보아요.
- 카레를 만들기 위해 재료를 손질하는 방법을 알아보아요.

월	일	타수

에피소드 1

타자연습

- 맛있는 카레를 만들려면 어떻게 해야 할까요?
- 한컴타자연습에서 이야기를 타자로 연습해요.

⊙ **연습파일 :** 비밀레시피.txt

	타수
오늘은 맛있는 카레를 만들어 봐요.	19
동그란 감자는 껍질을 벗기고 네모나게 잘라요.	45
길쭉한 당근도 깨끗이 씻어서 네모나게 잘라요.	71
양파도 송송송 썰어 넣고 맛있는 고기도 넣어요.	98
냄비에 준비한 재료와 노란 카레 가루를 함께 넣어요.	128
보글보글 끓이면 맛있는 카레 냄새가 주방에 가득해요.	158
예쁜 그릇에 담으면 맛있고 영양 가득한 카레요리가 완성돼요.	192
꼬마 마스터 셰프가 만든 카레는 너무나 맛있어요!	220

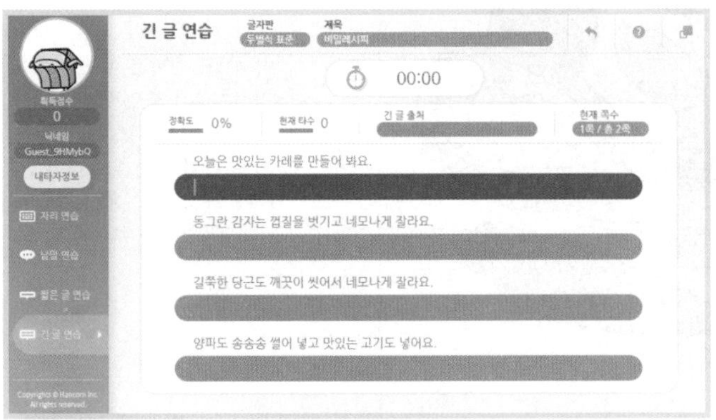

▲ 실습예제

궁금해요

레시피(Recipe)는 음식을 만드는 방법을 말해요. 누가 만들어도 비슷한 맛을 내려면 레시피를 정확하게 지켜야 해요. 레시피에는 요리에 사용되는 재료의 양과 조리 방법, 시간이 들어 있어요. 마스터 셰프들은 누구나 자기만의 레시피를 가지고 있는데, 아무에게나 알려주지 않는 비밀인 경우가 많아요. 엄마들이 보는 요리책이 바로 레시피예요.

에피소드

2 이야기 그리기

- 맛있는 카레를 만들려면 여러 가지 재료가 필요해요.
- 카레를 만들 때 필요한 재료들에 색을 칠하고 동그라미로 선택해 보세요.

⊙ **연습파일** : 카레재료.gif

작업예제

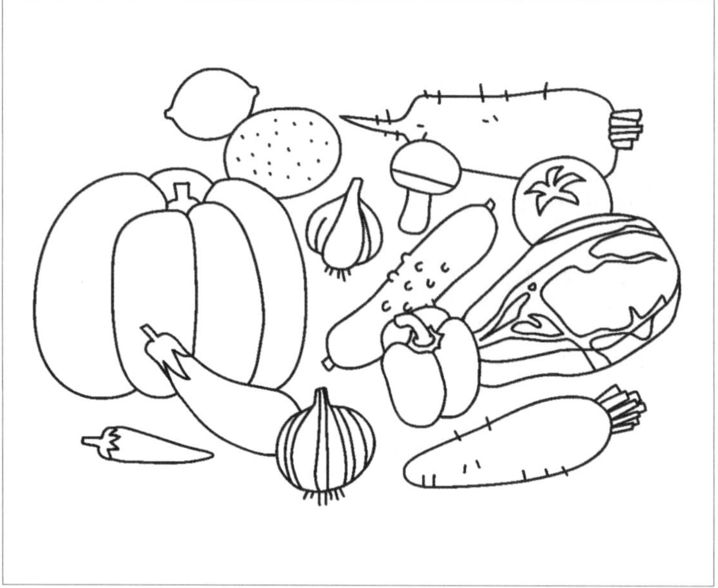

완성예제

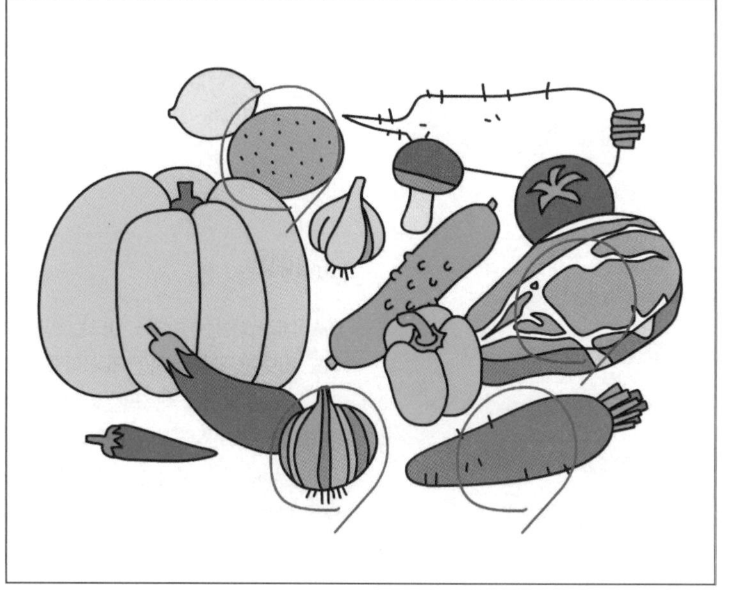

카레재료 그림을 불러온 후 [색 채우기] 툴로 예쁜 색을 골라 채워 보세요. [브러시] 툴을 이용하여 카레를 만들 때 필요한 재료에 동그라미를 그려요.

따라해보세요

3 한글로 만들어요

- 여러 가지 특수기호를 입력하는 방법을 알아보아요.

⊙ **연습파일 :** 새로 만들기
◎ **완성파일 :** 카레재료(완성).hwp

맛있는 카레를 만들려면 어떤 재료들이 필요할까요? 문자표로 특수기호를 넣어 문서를 꾸미는 방법을 알아보아요.

♣맛있는 카레를 만들려면 뭐가 필요하지?♥

☺노랗고 향기로운 카레가루가 필요해요.☼
★맛있는 감자, 당근, 양파 같은 채소가 필요해요.⊙
♜소고기나 돼지고기를 넣으면 더 맛있는 카레를 만들 수 있어요.♫
♬크거나 작게 좋아하는 크기로 잘라 준비해요.♠

▲ 완성파일

① 새로운 문서를 만들고 아래와 같은 내용을 비어 있는 문서에 입력해요.

맛있는 카레를 만들려면 뭐가 필요하지?

노랗고 향기로운 카레가루가 필요해요.
맛있는 감자, 당근, 양파 같은 채소가 필요해요.
소고기나 돼지고기를 넣으면 더 맛있는 카레를 만들 수 있어요.
크거나 작게 좋아하는 크기로 잘라 준비해요.

② 특수문자를 입력하려는 글자의 앞부분으로 커서를 이동하고 [입력]-[문자표]를 클릭해요.

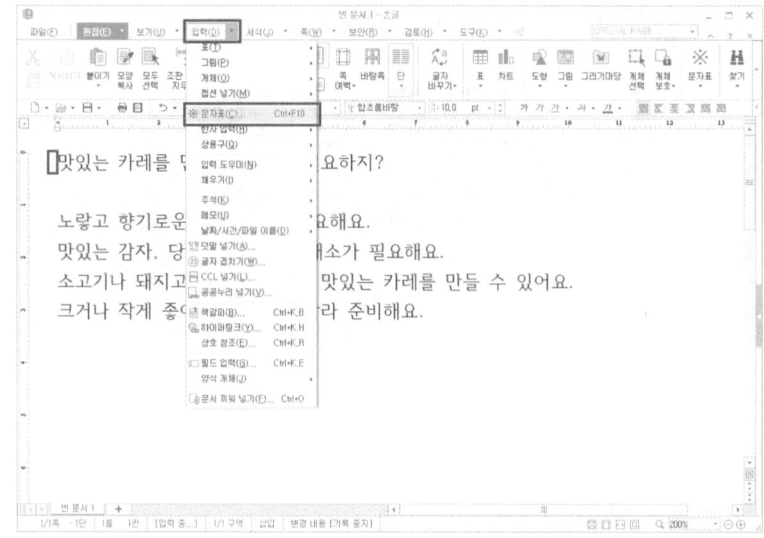

③ [문자표 입력] 대화상자가 표시되면 [유니코드 문자표] 탭의 [문자 영역]에서 '여러 가지 기호'를 선택해요. [문자 선택]에서 '♣'를 선택하고 [넣기] 단추를 클릭해요.

④ 나머지 부분도 문자표를 이용하여 그림과 같이 기호를 입력해 완성해요.

♣맛있는 카레를 만들려면 뭐가 필요하지?♥

☺노랗고 향기로운 카레가루가 필요해요.☼
★맛있는 감자, 당근, 양파 같은 채소가 필요해요.⊙
♛소고기나 돼지고기를 넣으면 더 맛있는 카레를 만들 수 있어요.♫
♬크거나 작게 좋아하는 크기로 잘라 준비해요.♠

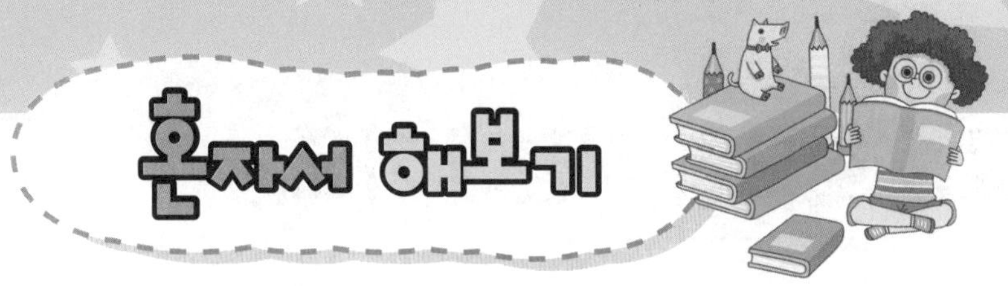

1 그림과 같이 새로운 문서에 내용을 입력하고 기호를 삽입해 완성해 보세요.

⊙ **연습파일 :** 새로 만들기
◎ **완성파일 :** 사과가좋아(완성).hwp

◆나는 사과가 너무 좋아요.◆
☆그냥 먹어도 맛있는 사과가 좋아요.☺
☺믹서에 갈아서 시원한 사과주스를 만들 수 있어요.☑
♠잘게 잘라 설탕과 졸이면 달콤한 사과잼을 만들 수 있어요.★
☻네모낳게 잘라 카레에 넣으면 더 맛있는 카레를 만들 수 있어요.☻
♡어떤 음식에도 잘 어울리는 사과가 나는 너무 좋아요.☃

2 그림과 같이 새로운 문서에 내용을 입력하고 기호를 삽입해 완성해 보세요.

⊙ **연습파일 :** 새로 만들기
◎ **완성파일 :** 카레(완성).hwp

☀인도 요리의 기본 양념, 카레♫
★카레라는 이름은 남인도와 스리랑카의 '카리(kari)'에서 시작되었어요.♬
☺카레는 여러 종류의 향신료를 넣어 만든 음식이라는 의미인데요,♧
♗20여 가지의 재료들을 모두 섞어 만든 복합 향신료예요.♥
⚄카레 재료에 들어있는 향신료들은 항암, 항산화 작용을 해서◇
♮카레를 자주 먹으면 몸에 도움을 준다고 해요.♠

03 맛있는 재료를 찾으러 시장에 가요.

학습 목표
- 요리를 만들기 위한 재료에는 어떤 것이 있는지 알아보아요.
- 우리 주변의 시장에서 구할 수 있는 재료를 알아보아요.

월	일	타수

에피소드

1 타자연습

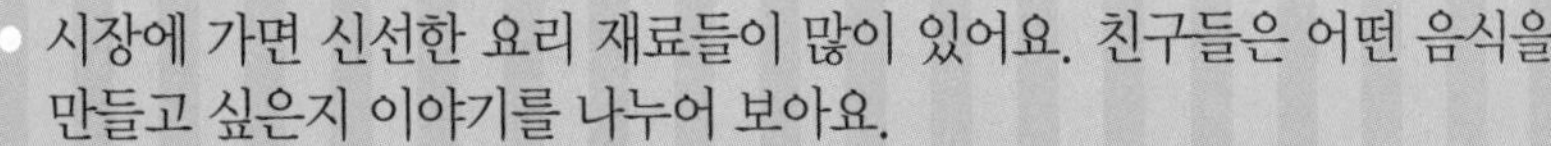

- 시장에 가면 신선한 요리 재료들이 많이 있어요. 친구들은 어떤 음식을 만들고 싶은지 이야기를 나누어 보아요.

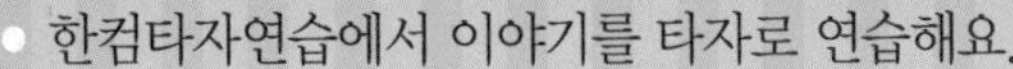

- 한컴타자연습에서 이야기를 타자로 연습해요.

⊙ 연습파일 : 맛있는재료.txt

	타수
오늘은 무슨 요리를 만들까 많이 고민했는데,	24
시장에 있는 요리 재료들을 보니 아이디어가 떠올라요.	54
초록색 오이로 새콤달콤한 오이소박이를 만들까?	80
보라색 가지로 말캉말캉한 가지볶음을 만들까?	105
노란색 감자를 곱게 갈아 넣은 부침개를 만들까?	132
빨간색 파프리카를 넣은 샐러드를 만들까?	155
하얀색 오징어를 듬뿍 넣은 해물볶음밥을 만들까?	182
맛있는 요리 재료들이 가득한 시장이 너무 좋아요.	210

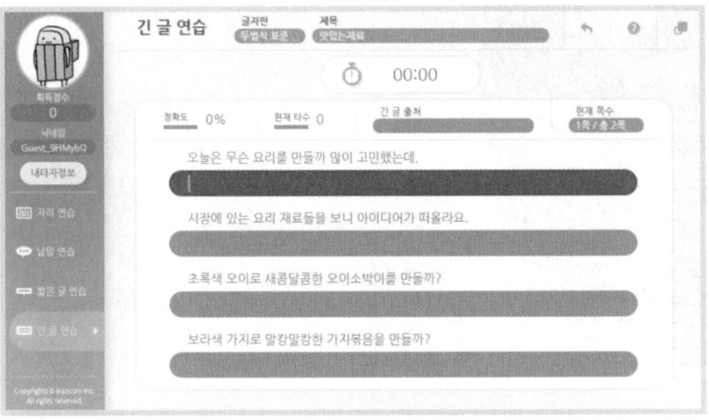

▲ 실습예제

궁금해요

음식을 만들 때 가장 중요한 것은 신선한 재료예요. 대표적인 재료로 채소와 수산물, 육류, 과일, 곡식류 등이 있어요. 요리에 빠지지 않는 양념과 소스도 중요한 재료가 돼요. 어떤 재료를 이용하는지, 어떤 요리 방법을 사용하는지에 따라 다양한 요리를 만들 수 있어요. 친구들이 좋아하는 재료로 다양한 요리를 만들 수 있어요.

2 이야기 그리기

- 시장에 가면 신선한 음식 재료들이 많이 있어요.
- 각종 채소들의 색을 채워 완성하고 우리 주변의 시장에서 만날 수 있는 재료에 대해 이야기를 나누어 보세요.

⊙ **연습파일 :** 채소.gif

작업예제

완성예제

그림판에서 채소 그림을 불러온 후 [색 채우기] 툴로 예쁜 색을 골라 채워 보세요.

따라해보세요

3 한글로 만들어요

• 글자를 한자로 바꾸는 방법을 알아보아요.

⊙ **연습파일** : 새로 만들기
◎ **완성파일** : 맛있는재료(완성).hwp

맛있는 요리를 만들려면 요리 재료가 중요해요. 음식 이름을 한자로 바꾸는 방법을 알아보아요.

> 名節에 필요한 요리를 만들 때 재료들
>
> - 花菜 : 사과, 수박, 배, 레몬과 같은 과일, 설탕, 생수
> - 茶食 : 밤, 송화, 콩, 녹말, 참깨, 멥쌀가루, 꿀
> - 淸國醬 : 양파, 김치, 대파, 두부, 버섯, 청국장
> - 瓊團 : 찹쌀가루, 검은깨, 깨, 대추, 밤
> - 饅頭 : 밀가루, 김치, 돼지고기, 당면, 두부

▲ 완성파일

① 새로운 문서를 만들고 아래와 같은 내용을 문서에 입력해요.

> 명절에 필요한 요리를 만들 때 재료들
>
> - 화채 : 사과, 수박, 배, 레몬과 같은 과일, 설탕, 생수
> - 다식 : 밤, 송화, 콩, 녹말, 참깨, 멥쌀가루, 꿀
> - 청국장 : 양파, 김치, 대파, 두부, 버섯, 청국장
> - 경단 : 찹쌀가루, 검은깨, 깨, 대추, 밤
> - 만두 : 밀가루, 김치, 돼지고기, 당면, 두부

② '명절' 단어 뒤에 커서를 이동하고 [한자]를 눌러요. [한자로 바꾸기] 대화상자가 표시되면 바꾸려는 한자 단어를 클릭하여 선택하고 [바꾸기] 단추를 클릭해요.

③ 그림과 같이 나머지 부분의 한글 단어를 한자로 바꾸어 완성해요.

名節에 필요한 요리를 만들 때 재료들

- 花菜 : 사과, 수박, 배, 레몬과 같은 과일, 설탕, 생수
- 茶食 : 밤, 송화, 콩, 녹말, 참깨, 멥쌀가루, 꿀
- 淸國醬 : 양파, 김치, 대파, 두부, 버섯, 청국장
- 瓊團 : 찹쌀가루, 검은깨, 깨, 대추, 밤
- 饅頭 : 밀가루, 김치, 돼지고기, 당면, 두부

④ 한자로 바뀐 단어의 뒤에 커서를 이동하고 [한자]를 누르면 다시 한글로 바꿀 수 있어요.

명절에 필요한 요리를 만들 때 재료들

- 花菜 : 사과, 수박, 배, 레몬과 같은 과일, 설탕, 생수
- 茶食 : 밤, 송화, 콩, 녹말, 참깨, 멥쌀가루, 꿀
- 淸國醬 : 양파, 김치, 대파, 두부, 버섯, 청국장
- 瓊團 : 찹쌀가루, 검은깨, 깨, 대추, 밤
- 饅頭 : 밀가루, 김치, 돼지고기, 당면, 두부

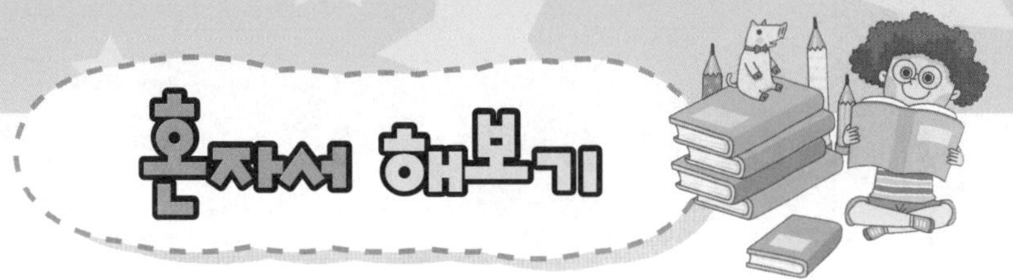

1 파일을 불러온 후 그림과 같이 한글 단어를 한자로 바꾸어 보세요.

⊙ **연습파일** : 계란요리.hwp
◎ **완성파일** : 계란요리(완성).hwp

鷄卵으로 만들 수 있는 料理

鷄卵을 여러 개 넣어 포근한 鷄卵찜을 만들 수 있어요.
삶은 鷄卵을 감자와 함께 으깨어 감자샐러드를 만들 수 있어요.
프라이팬에 鷄卵을 얇게 부쳐 여러 겹 겹치면 鷄卵말이가 돼요.
야채와 함께 섞어서 프라이팬에 구워 토스트를 만들 수 있어요.

2 파일을 불러온 후 그림과 같이 한글 단어를 한자로 바꾸어 보세요.

⊙ **연습파일** : 만두이야기.hwp
◎ **완성파일** : 만두이야기(완성).hwp

饅頭의 유래

中國 三國時代에 제갈공명이 南蠻을 정벌하고 돌아가는 길에
弩手라는 강가에 이르렀더니 큰 비와 바람이 불어 모든 것을
날려버리고 말았어요. 그 때 어떤 노인이 말하기를,
하늘이 노해서 사람의 머리를 바쳐야 한다고 해요.
부하들을 희생할 수 없었던 제갈공명은 사람의 머리 모양처럼 생긴
饅頭를 만들어서 하늘에 祭祀를 지냈어요.
하늘이 속은건지 제갈공명의 마음을 이해한 것인지 몰라도,
모두 無事하게 집으로 돌아갈 수 있었어요.

04 냉장고 속에 무엇이 있을까?

학습 목표

- 요리 재료를 신선하게 보관하는 방법을 알아보아요.
- 우리 집 냉장고 속에 어떤 음식과 재료들이 있는지 살펴보아요.

월	일	타수

우와! 냉장고 속에
맛있는 음식들이
가득 있어!

에피소드

1 타자연습

- 냉장고는 음식이나 재료를 오랫동안 보관할 수 있게 해 줘요. 우리 집 냉장고에는 무엇이 들어 있는지 친구들과 이야기를 나눠 보아요.
- 한컴타자연습에서 이야기를 타자로 연습해요.

⊙ **연습파일** : 냉장고속.txt

	타수
시원한 냉장고 속에는 무엇이 있을까 열어 볼까요?	27
너무 커서 반으로 잘라 넣은 속이 빨간 수박.	53
엄마가 조물조물 무쳐놓은 맛있는 나물.	75
동생이 너무나도 좋아하는 꼬마 돈가스.	97
할머니가 만들어 놓은 맛있는 열무김치도 있어요.	124
조금씩 남아 있는 재료를 모아 맛있는 비빔밥을 만들어요.	156
고추장을 넣고 이리저리 비비면 우리 집 특별 비빔밥 완성!	189
가족들과 함께 먹으면 더 맛있는 비빔밥이 좋아요.	217

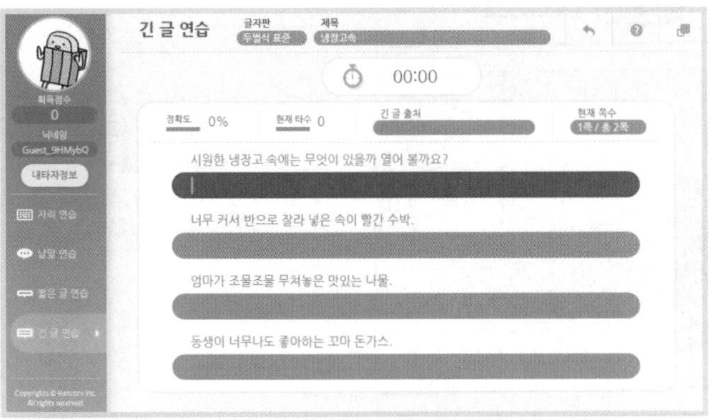

▲ 실습예제

궁금해요

냉장고는 음식이나 재료가 상하지 않도록 차갑게 보관해요. 냉장고는 대부분 시원하게 보관하는 냉장실과 딱딱하게 얼리는 냉동실이 있어요. 재료의 성격에 따라 어디에 보관할지 결정해야 해요. 냉장고에 음식물을 너무 꽉 채우면 오래 보관하지 못해요. 우리 집 냉장고에는 어떤 음식물이 보관되어 있는지 알아보아요.

2 이야기 그리기

- 친구들 집에 있는 냉장고를 열면 맛있는 음식들이 가득하죠?
- 냉장고 속에 어떤 것이 있는지 알아보고 색을 채워 완성해 보세요.

⊙ **연습파일** : 냉장고.gif

작업예제

완성예제

그림판에서 냉장고 그림을 불러온 후 [색 채우기] 툴로 예쁜 색을 골라 채워 보세요.

따라해보세요

3 한글로 만들어요

- 글자를 입력하고 특정 부분을 블록 설정하는 방법을 알아보아요.
- 입력한 글자에 여러 가지 서식을 적용하는 방법을 알아보아요.

⊙ **연습파일 :** 새로 만들기
◎ **완성파일 :** 냉장고속(완성).hwp

우리 집 냉장고에는 어떤 음식이 보관되어 있을까요? 글자를 입력하고 여러 가지 모양으로 바꾸는 방법을 알아보아요.

냉장고 속에는 무엇이 있을까요?

우리 가족 모두가 좋아하는 김치가 들어있어요.
아빠가 좋아하는 족발이 들어있어요.
엄마가 만들어 놓은 맛있는 반찬들이 들어있어요.
내 동생이 좋아하는 우유가 들어있어요.
내가 좋아하는 아이스크림은 냉동실에 들어있어요.

▲ 완성파일

① 새로운 문서를 만들고 아래와 같은 내용을 비어 있는 문서에 입력해요.

냉장고 속에는 무엇이 있을까요?

우리 가족 모두가 좋아하는 김치가 들어있어요.
아빠가 좋아하는 족발이 들어있어요.
엄마가 만들어 놓은 맛있는 반찬들이 들어있어요.
내 동생이 좋아하는 우유가 들어있어요.
내가 좋아하는 아이스크림은 냉동실에 들어있어요.

② 입력한 내용에 서식을 적용하기 위해 첫 번째 줄의 맨 앞부분에서 마우스 왼쪽 버튼을 누른 채 마지막 부분까지 드래그해요.

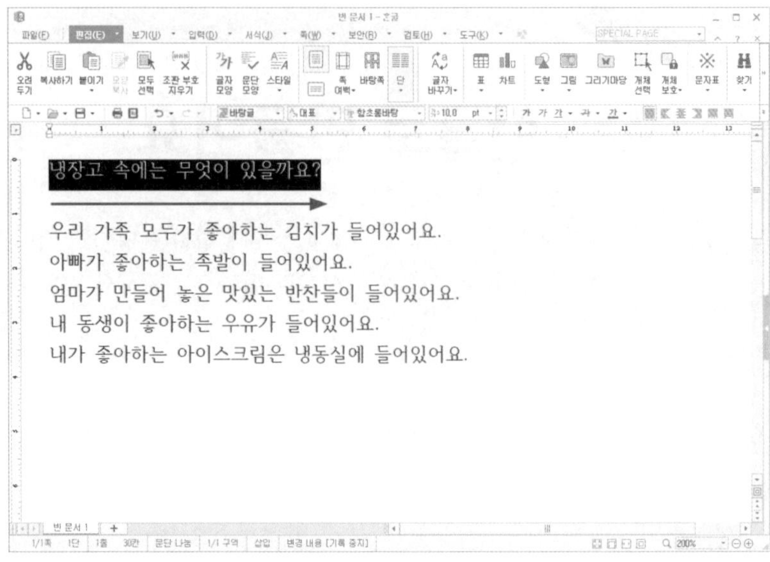

③ 선택한 부분의 서식을 바꾸기 위해 [서식] 도구상자에서 [글꼴]은 'HY엽서M', [크기]는 '15pt', [글자 색]은 '보라'를 선택해요.

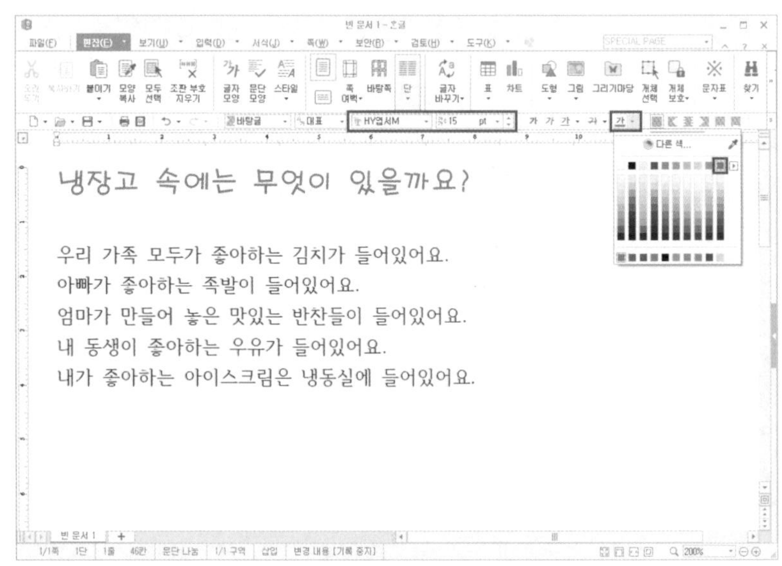

④ 나머지 줄도 같은 방법을 이용하여 아래 조건과 같이 글자 모양을 바꾸고 저장해요.

조건

- 두 번째 줄 : 휴먼굵은팸체, 15pt, 초록
- 세 번째 줄 : 한컴 백제 M, 15pt, 남색
- 네 번째 줄 : 한컴 솔잎 M, 15pt, 주황
- 다섯 번째 줄 : HY바다M, 15pt, 하늘색
- 여섯 번째 줄 : HY동녘B, 15pt, 노랑

냉장고 속에는 무엇이 있을까요?

우리 가족 모두가 좋아하는 김치가 들어있어요.

아빠가 좋아하는 족발이 들어있어요.

엄마가 만들어 놓은 맛있는 반찬들이 들어있어요.

내 동생이 좋아하는 우유가 들어있어요.

내가 좋아하는 아이스크림은 냉동실에 들어있어요.

혼자서 해보기

1 그림과 같이 새로운 문서에 내용을 입력하고 조건에 맞게 서식을 바꾸어 보아요.

⊙ **연습파일 :** 새로 만들기
◎ **완성파일 :** 냉장고(완성).hwp

음식을 신선하게 보관하는 냉장고

냉장고는 음식을 차게해서 상하지 않게 보관하는 기계입니다.
음식을 얼음, 전기, 가스를 이용하여 차갑게 만들어요.
텔레비전과 함께 현대 생활에서 필요한 것 이예요.

냉장고가 없었을 때에는 동굴과 같은 곳에 겨울에 생긴 얼음을
보관해 놓았다가 더운 날에 얼음을 나누어 주기도 했어요.
생선과 같이 상하기 쉬운 음식을 보관하는 냉장고는 대단해요.

조건

- 제목 : HY헤드라인M, 20pt, 주황
- 첫 번째 문단 : HY강M, 15pt, 남색
- 두 번째 문단 : 한컴 백제 M, 15pt, 보라

2 그림과 같이 새로운 문서에 내용을 입력하고 조건에 맞게 서식을 바꾸어 보아요.

⊙ **연습파일 :** 새로 만들기
◎ **완성파일 :** 얼음(완성).hwp

얼음은 무슨 색일까요?

더운 여름 냉동실에 얼어있는 시원한 얼음은 무슨 색 일까요?
얼리기 전의 물은 투명한데 얼음은 왜 하얗게 보일까요?
그건 얼음속에 공기방울이 얼음속에 갇혀서 그런거래요.

투명한 얼음을 만드는 방법이 있다네요?
물을 팔팔 끓인 후에 식혀서 냉동실에 얼리면
맑고 투명한 얼음을 만들 수 있어요.

조건

- 제목 : HY울릉도B, 20pt, 하늘색
- 첫 번째 문단 : HY엽서M, 13pt, 주황
- 두 번째 문단 : 한컴 솔잎 M, 15pt, 초록

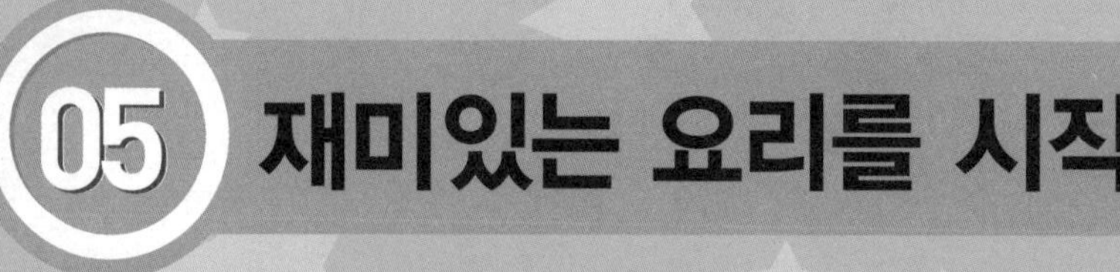

05 재미있는 요리를 시작해 볼까?

학습 목표
- 요리를 하기 위해 필요한 도구는 무엇이 있을까요?
- 요리 도구들이 하는 역할에 대해 이야기를 나누어 보아요.

월	일	타수

내가 꼭 있어야 맛있는 요리를 만들 수 있어!

에피소드 1

타자연습

- 요리를 하려면 조리도구들이 꼭 필요해요. 어떤 도구들이 있는지 친구들과 이야기를 나누어 보아요.
- 한컴타자연습에서 이야기를 타자로 연습해요.

⊙ **연습파일** : 요리도구.txt

	타수
즐거운 요리를 할 때는 도구들이 필요해요.	23
싹둑싹둑 탁탁! 요리 재료를 잘라주는 칼.	47
길쭉한 재료들을 쉽게 자를 수 있는 가위.	71
보글보글 맛있는 찌개를 끓일 수 있는 냄비.	96
내가 좋아하는 볶음밥과 계란말이를 만들 수 있는 프라이팬.	129
재료들을 옮기거나 이리저리 저을 수 있는 주걱.	156
정확하게 재료의 양을 담아낼 수 있는 계량컵도 필요해요.	188
완성된 요리를 예쁘게 담아내는 그릇도 중요해요.	215

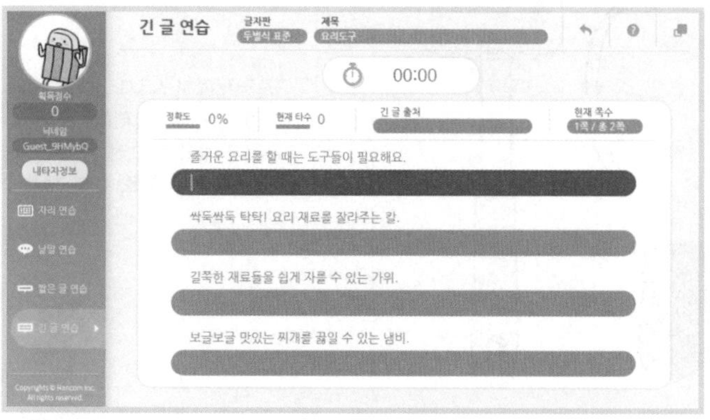

▲ 실습예제

궁금해요

즐거운 요리를 하려면 조리 방법에 맞는 요리 도구를 사용해야 해요. 깊은 냄비에 들어 있는 음식을 꺼낼 때 사용하는 국자, 밥을 풀 때 사용하는 주걱, 재료를 썰 때 사용하는 칼과 가위, 도마, 재료의 양을 잴 때 사용하는 계량컵, 음식을 조리하는 냄비, 프라이팬, 음식을 담아내는 그릇들이 있어요. 조리 도구를 종류에 맞게 사용하면 편리한 요리를 만들 수 있어요.

2 이야기 그리기

- 요리할 때 사용하는 도구들은 무엇이 있을까요?
- 도구 이름에 맞는 그림을 그려 완성하고 어떤 역할을 하는지 이야기해 보세요.

⊙ **연습파일 :** 요리도구.gif

작업예제

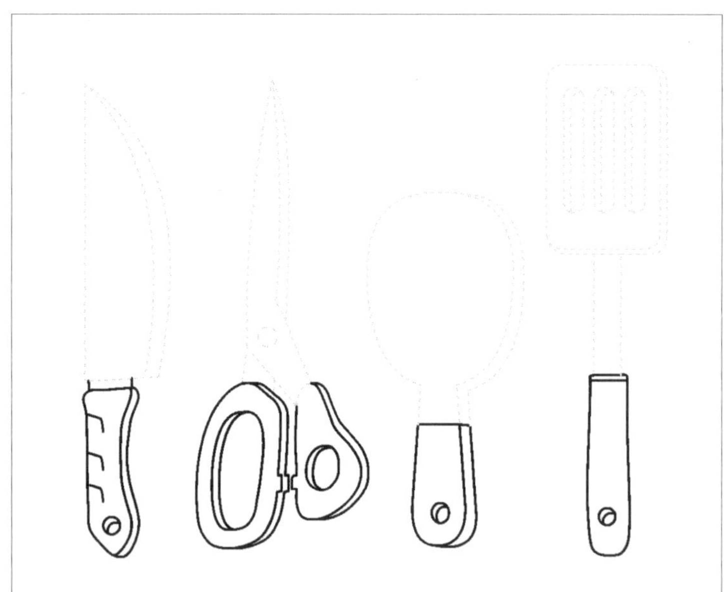

완성예제

그림판에서 요리도구 그림을 불러온 후 [브러시] 툴로 나머지 부분을 그려 완성한 후 [색 채우기] 툴로 예쁜 색을 골라 채워 보세요.

따라해보세요

3 한글로 만들어요

- 글자에 형광펜을 적용하고 문단을 정렬해 보아요.

⦿ 연습파일 : 요리도구.hwp
◎ 완성파일 : 요리도구(완성).hwp

요리를 편리하게 할 수 있는 도구들은 너무 중요해요. 요리 도구 이름에 형광펜 서식을 적용하고 문단을 정렬하는 방법을 알아보아요.

요리에 필요한 도구

프라이팬 : 재료를 구울 때 주로 사용해요.
냄비 : 재료를 익히거나 삶을 때 사용해요.
주걱 : 재료를 다른 곳으로 옮길 때 사용해요.
뒤집개 : 익히는 재료를 뒤집을 때 사용해요.
계량컵 : 재료의 분량을 계산할 때 사용해요.

▲ 완성파일

① 파일을 불러온 후 첫 번째 줄의 가장 앞부분에서 마우스 왼쪽 버튼을 누른 채 마지막 부분까지 드래그하여 선택하고 [서식] 탭에서 [형광펜( )]을 '노랑'으로 선택해요.

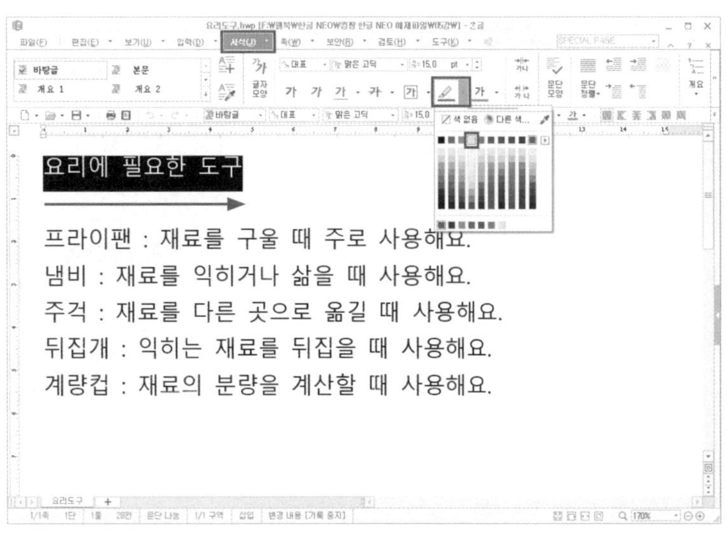

② 나머지 줄도 같은 방법을 이용하여 [형광펜]으로 그림과 같이 색을 바꾸어요.

③ 입력되어 있는 모든 글자를 드래그하여 선택하고 [서식] 탭의 [문단 정렬]-[가운데 정렬()]을 클릭하면 모든 글자들이 문서의 가운데 부분을 기준으로 정렬돼요.

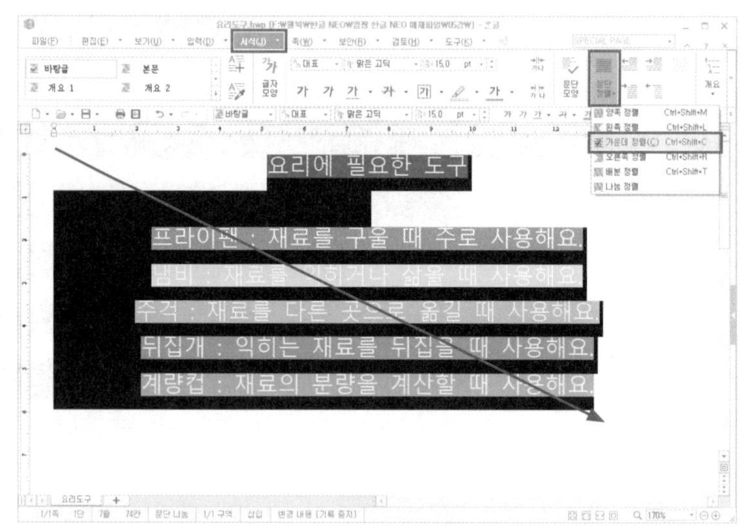

④ [왼쪽 정렬()], [오른쪽 정렬()]을 클릭하여 친구들이 원하는 모양으로 만들어 보아요.

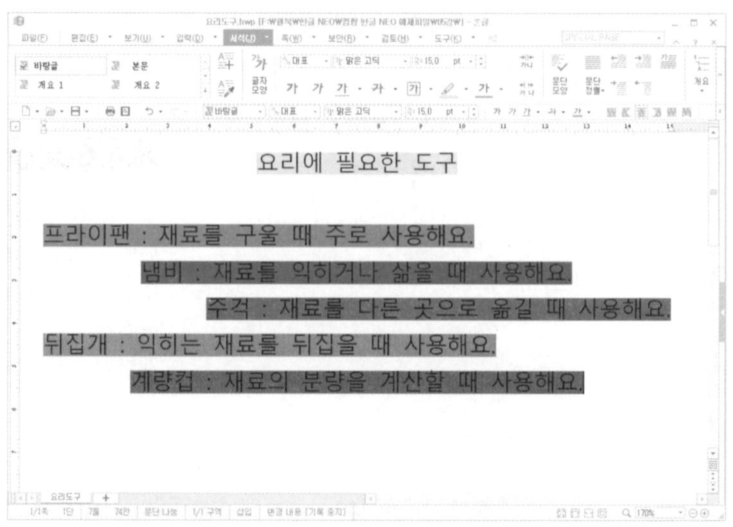

1 파일을 불러온 후 그림과 같이 [형광펜] 서식을 적용하고 문단 모양을 바꾸어 보아요.

⊙ **연습파일 :** 도구관리.hwp
◎ **완성파일 :** 도구관리(완성).hwp

요리도구들을 잘 관리해요!

요리도구를 잘 관리하면 오래동안 사용할 수 있어요.

프라이팬은 재료를 볶을 때 부드러운 주걱이나 뒤집개를 이용해야 해요. 쇠로 된 도구로 긁으면 코팅이 벗겨져 오래 쓰지 못할 수 있어요.

냄비를 쓰고난 후에는 물에 불려 씻어요. 눌어붙은 재료를 철수세미로 세게 닦으면 긁힐 수 있어요.

2 파일을 불러온 후 그림과 같이 [형광펜] 서식을 적용하고 문단 모양을 바꾸어 보아요.

⊙ **연습파일 :** 젓가락.hwp
◎ **완성파일 :** 젓가락(완성).hwp

머리를 똑똑하게 하는 젓가락

우리 민족이 영리한 이유는 젓가락질을 잘하기 때문이라고 해요. 젓가락은 포크보다 두 배가 넘는 관절과 근육을 이용해야 하므로 지능 발달에 큰 영향을 주고 집중력도 높여줘요.

중국이나 일본은 나무젓가락을 쓰지만 우리나라는 쇠젓가락을 사용해요. 무거운 쇠젓가락이 뇌의 운동작용을 높이는데 더 효과적이래요.

06 지글지글 보글보글

학습 목표

- 음식을 만들 때 들리는 소리는 어떤 것들이 있을까요?
- 우리가 알고 있는 음식 만드는 소리에 대해 알아보아요.

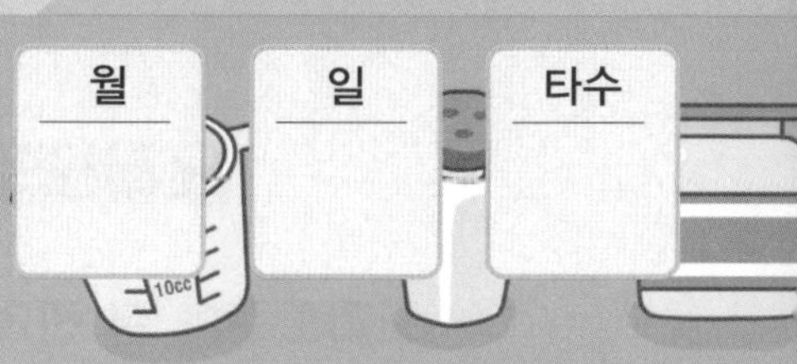

월	일	타수

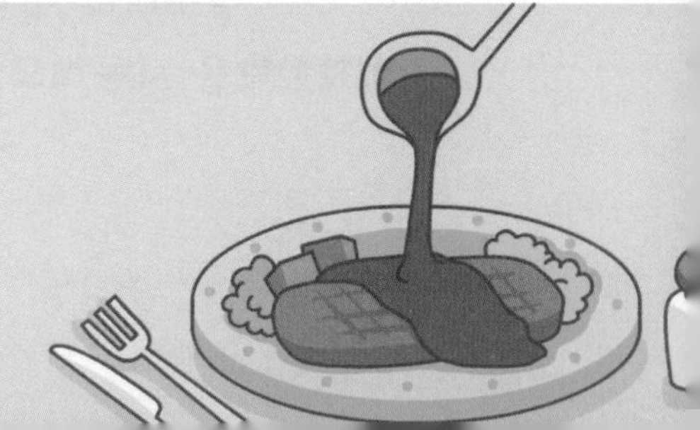

에피소드 1

타자연습

- 요리를 할 때에는 재미있는 소리들이 많이 들려요. 어떤 소리가 나는지 친구들과 이야기를 나누어 보아요.
- 한컴타자연습에서 이야기를 타자로 연습해요.

⊙ 연습파일 : 요리소리.txt

	타수
탁탁탁탁, 도마 위에서 요리 재료 써는 소리.	25
지글지글, 프라이팬 위에서 고소한 삼겹살 익는 소리.	55
보글보글, 냄비에서 빨간 김치찌개 끓는 소리.	81
치이익 치이익, 뜨거운 기름 속에서 튀김 만드는 소리.	112
삐익 삐익, 주전자에서 물이 다 끓었다고 부르는 소리.	143
쪼로록 쪼로록, 새콤한 소스를 음식에 붓는 소리.	171
꼬로록 꼬로록, 음식을 기다리는 내 동생 뱃속 소리.	201
냠냠 짭짭, 우리 가족 맛있게 먹는 소리.	225

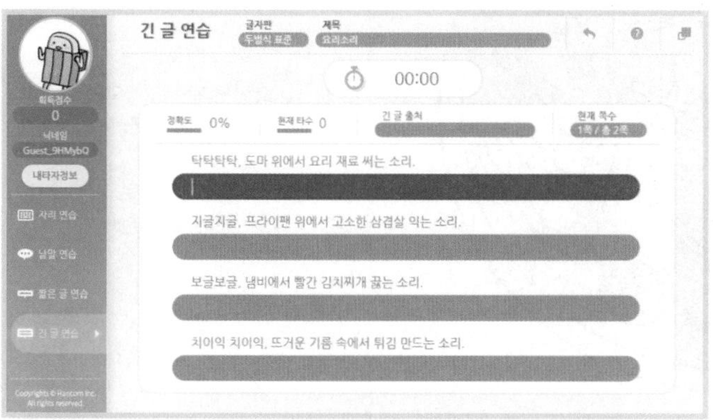

▲ 실습예제

궁금해요

능숙한 요리사는 소리만 들어도 재료가 잘 익었는지 얼마만큼 조리가 되었는지 알 수 있대요. 조리하는 방법에 따라 재료들이 내는 소리가 달라요. 조금만 귀를 기울이면 뜨거운 불 앞에서 계속 지켜보지 않아도 요리가 어떻게 만들어지고 있는지 알 수 있어요. 엄마가 요리할 때 어떤 소리가 들리는지 한번 들어 보아요.

2 이야기 그리기

- 뜨거운 프라이팬 위에서 고기와 채소가 맛있게 익고 있어요.
- 비어 있는 프라이팬에 친구들이 좋아하는 재료를 그리고 색을 칠해 완성해 보세요.

⊙ **연습파일 :** 프라이팬.gif

작업예제

완성예제

그림판에서 프라이팬 그림을 불러온 후 [브러시] 툴로 좋아하는 재료를 그려 보세요. [색 채우기] 툴로 예쁜 색을 골라 채워 완성해요.

따라해보세요

3 한글로 만들어요

- 글자에 확장 글자 모양을 적용하는 방법을 알아보아요.

⊙ **연습파일 :** 맛있는소리.hwp
◎ **완성파일 :** 맛있는소리(완성).hwp

보글보글 물 끓는 소리, 지글지글 구워지는 소리같이 요리할 때 들을 수 있는 재미있는 소리들이 많아요. 글자에 더 적용할 수 있는 글자 모양에 대해 알아보아요.

요리를 할 때 나는 소리

도마에서 칼로 자르면 탁탁 소리가 나요.
~~엄마처럼 빠르게 자르면 타다다닥 소리가 나요.~~
기름에 재료를 튀길때는 지글지글 소리가 나요.
프라이팬에 재료를 올려 놓으면 치익 소리가 나요.
주전자나 냄비의 물이 끓으면 보글보글 소리가 나요.

▲ 완성파일

① 파일을 불러온 후 첫 번째 줄을 드래그하여 블록을 설정해요. 글꼴 서식을 적용하기 위해 [서식] 탭에서 [글자 모양(가)]을 클릭해요.

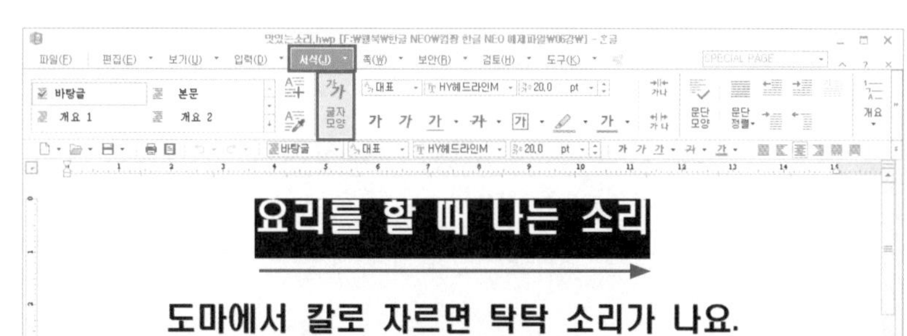

② [글자 모양] 대화상자의 [기본] 탭에서 '외곽선'을 선택하고 [설정] 단추를 클릭해요.

③ 첫 번째 줄에 서식이 적용되면 두 번째 줄을 블록 설정한 후 [글자 모양] 대화상자의 [기본] 탭에서 '그림자'를 선택하고 [설정] 단추를 클릭해요.

④ 다음 조건과 같이 [글자 모양] 대화상자에서 서식을 적용하여 완성해요.

요리를 할 때 나는 소리

도마에서 칼로 자르면 탁탁 소리가 나요.

~~엄마처럼 빠르게 자르면 타다다닥 소리가 나요.~~

기름에 재료를 튀길때는 지글지글 소리가 나요.

프라이팬에 재료를 올려 놓으면 치익 소리가 나요.

주전자나 냄비의 물이 끓으면 보글보글 소리가 나요.

조건

- 세 번째 줄 : 취소선
- 네 번째 줄 : 그림자(초록), 연속
- 다섯 번째 줄 : 강조(원 모양)
- 여섯 번째 줄 : 위쪽 밑줄(주황)

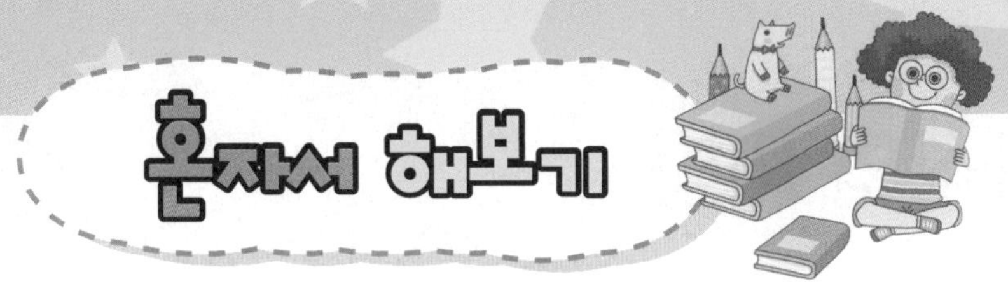

1 파일을 불러온 후 [글자 모양] 대화상자에서 조건과 같이 서식을 적용하여 완성해요.

⊙ **연습파일** : 기름의종류.hwp
◎ **완성파일** : 기름의종류(완성).hwp

요리에 사용하는 식용유의 종류

콩기름 : 우리가 저렴하게 구입하여 사용할 수 있는 기름이에요.

옥수수유 : 옥수수에서 얻은 기름으로 고소한 맛과 향이 나요.

해바라기유 : 해바라기의 고소한 맛으로 단백한 요리를 만들 때 사용해요.

올리브유 : 다이어트, 노화방지에 좋은 기름으로 샐러드에 많이 사용해요.

카놀라유 : 유채꽃에서 얻은 기름으로 어떤 요리에도 잘 어울려요.

조건

- 첫 번째 줄 : 그림자(노랑), 연속
- 두 번째 줄 : 외곽선
- 세 번째 줄 : 그림자(초록), 비연속
- 네 번째 줄 : 강조점(체크 모양)
- 다섯 번째 줄 : 취소선(빨강), 점선 모양
- 여섯 번째 줄 : 밑줄(보라), 파선 모양

2 파일을 불러온 후 [글자 모양] 대화상자에서 조건과 같이 서식을 적용하여 완성해요.

⊙ **연습파일** : 음식소리.hwp
◎ **완성파일** : 음식소리(완성).hwp

소리까지 맛있어요!

사과를 한 입 물면 사각사각 달콤해!

튀김을 먹으면 바삭바삭 고소해!

푸딩을 입에 넣으면 말랑말랑 재미있어!

감자칩은 입속에서 파사삭 깨져요!

음식을 먹을 때 나는 소리는 재미있어요!

조건

- 첫 번째 줄 : 그림자(검정 80% 밝게), 연속
- 두 번째 줄 : 강조점(원 모양)
- 세 번째 줄 : 밑줄(점선)
- 네 번째 줄 : 외곽선, 그림자
- 다섯 번째 줄 : 밑줄(검정, 이중선)
- 여섯 번째 줄 : 그림자(검정 60% 밝게), 연속, X축 방향(20%), Y축 방향(20%)

맛있는 음식의 비법

학습 목표

- 음식을 더 맛있게 만들어 주는 조미료에는 어떤 것이 있을까요?
- 우리가 알고 있는 조미료에 대해 이야기를 나누어 보아요.

월	일	타수

우리가 빠지면
맛있는 요리가 되지
않는다구!

에피소드

1 타자연습

- 조미료를 조금만 넣어도 음식을 더 맛있게 만들 수 있어요. 친구들이 알고 있는 조미료에는 어떤 것이 있나요?
- 한컴타자연습에서 이야기를 타자로 연습해요.

⊙ 연습파일 : 조미료.txt

	타수
음식이 싱거울 때는 소금을 넣어 짭짤하게 해요.	26
후추를 살살 뿌려 주면 음식을 매콤하게 만들어 줘요.	56
달콤한 음식을 만들 때에는 설탕을 넣어요.	80
물엿을 넣으면 더 맛있는 소스를 만들 수 있어요.	108
고소한 참기름을 넣으면 향기로운 냄새가 너무 좋아요.	138
참깨를 솔솔 뿌리면 보기도 좋고 맛이 더 고소해요.	167
그런데, 내가 만들면 왜 생각보다 맛이 없을까?	194
우리 엄마의 맛있는 요리 비법은 바로 손맛이래요.	222

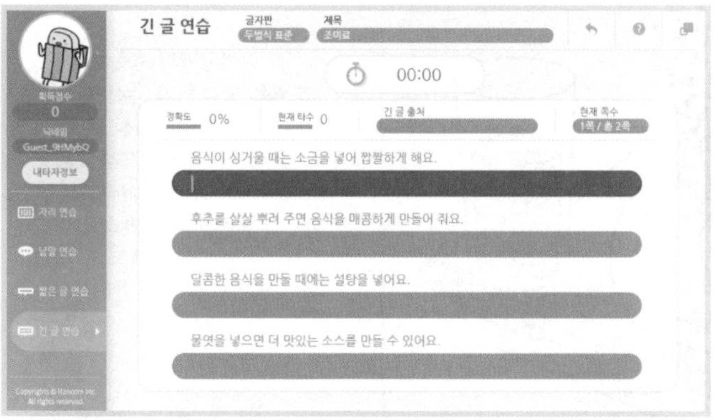

▲ 실습예제

궁금해요

음식을 더 맛있게 만들어 주는 비법 중의 하나가 바로 맛있는 조미료예요. 합성 조미료는 몸에 좋지 않다고 하지만 소금, 설탕, 후추, 식초 같은 조미료는 음식의 맛과 향을 더 좋게 해줘요. 작은 새우나 멸치를 갈아 만든 천연 조미료를 찌개를 끓일 때 같이 넣으면 건강에도 좋고 맛도 좋은 음식을 만들 수 있어요.

2 이야기 그리기

- 매콤하지만 맛있는 후추를 음식에 뿌려 보세요.
- 후추 병에서 후춧가루가 떨어지는 모습을 브러시로 그려 보세요.

⊙ 연습파일 : 후춧가루.gif

작업예제

완성예제

그림판에서 후춧가루 그림을 불러온 후 [브러시] 툴로 후춧가루가 음식 위에 떨어지는 것처럼 그려 보세요. [색 채우기] 툴로 예쁜 색을 골라 채워 완성해요.

따라해보세요

3 한글로 만들어요

- 문서 마당으로 라벨 문서를 만드는 방법을 알아보아요.
- 글자를 복사하고 붙여넣는 방법을 알아보아요.

⊙ **연습파일 :** 새로 만들기
◎ **완성파일 :** 조미료라벨(완성).hwp

색이 비슷한 조미료 통을 구분하려면 이름을 적어야겠죠? 문서 마당에서 예쁜 라벨을 만드는 방법을 알아보아요.

▲ 완성파일

① [파일]-[새 문서]-[문서마당]을 클릭해요. [문서마당] 대화상자에서 [문서마당 꾸러미] 탭의 [라벨 문서]에서 '3112-물류관리라벨(12칸)'을 선택하고 [열기] 단추를 클릭해요.

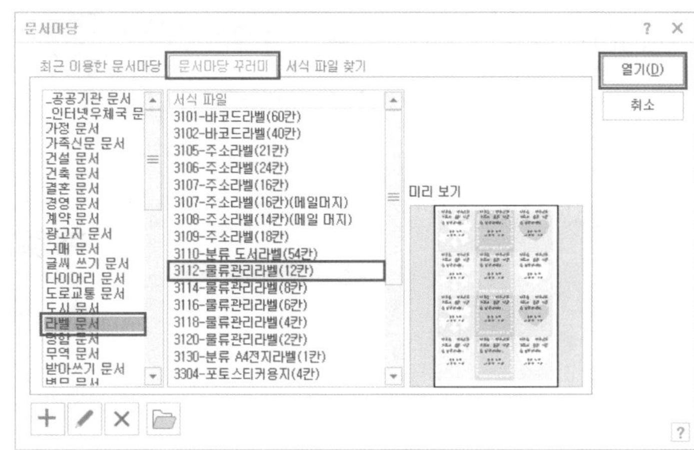

② 선택한 라벨 문서가 표시되면 그림과 같이 입력하고 글자 모양을 바꾸어요.

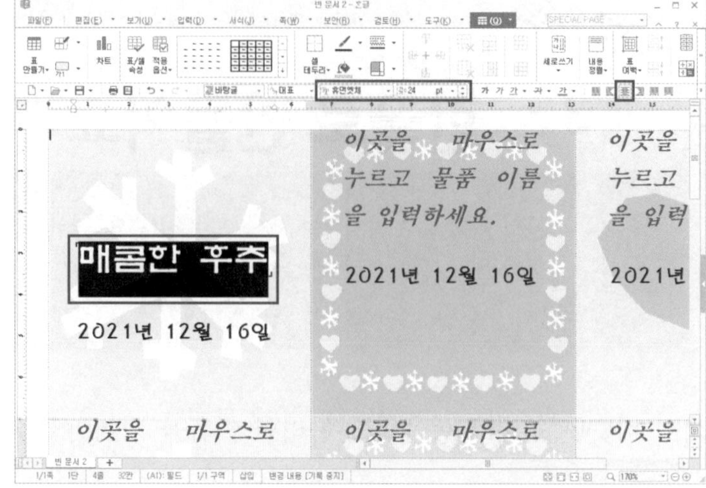

조건

- 휴먼옛체, 24pt, 가운데 정렬

③ 입력한 글자를 드래그하여 블록으로 선택해요. 글자를 복사하기 위해 [편집] 탭에서 [복사하기(📋)]를 클릭해요.

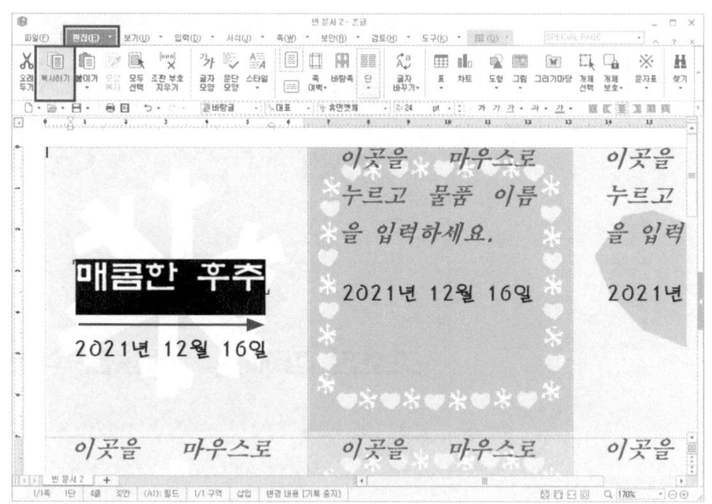

④ 두 번째 라벨로 커서를 이동하고 [편집] 탭에서 [붙이기(📋)]를 클릭해요. 글자가 복사되면 같은 방법으로 다른 라벨에도 글자를 복사하고 이름을 바꾸어 완성해요.

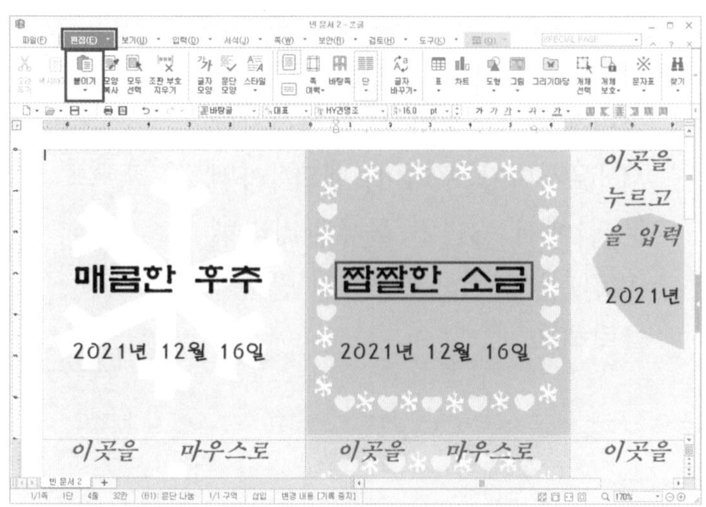

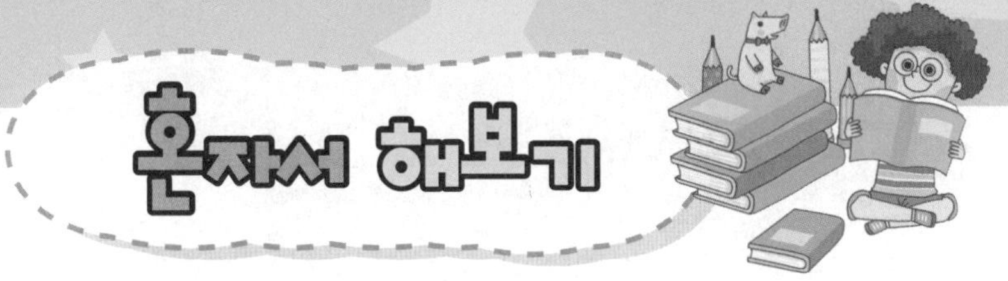

1 문서마당에서 '3109–주소라벨(18칸)'을 만들고 내용을 입력하여 완성해 보세요.

⊙ **연습파일 :** 새로 만들기.hwp
◎ **완성파일 :** 주소라벨(완성).hwp

조건

- 왼쪽 : 한컴 바겐세일 M, 11pt, 초록
- 오른쪽 : 한컴 바겐세일 M, 11pt, 주황

2 문서마당에서 '200자 원고지(B5 용지)–빨강'을 만들고 내용을 입력하여 완성해 보세요.

⊙ **연습파일 :** 새로 만들기.hwp
◎ **완성파일 :** 원고지(완성).hwp

No. 1

멋쟁이 요리사

명인초등학교 2학년 1반

정현지

나는 요리를 잘하는 멋진 셰프가 되고 싶어요.

08 설날에는 떡국! 추석에는 송편!

학습 목표

- 우리가 알고 있는 명절 음식에는 어떤 것이 있을까요?
- 명절에 먹는 특별한 음식에 대해 알아보아요.

월	일	타수

맛있는 음식도
먹고 재미있는 놀이도
해요!

에피소드

1 타자연습

- 명절에는 다양한 음식들을 먹을 수 있어요. 명절에만 먹는 특별한 음식에는 어떤 것이 있는지 이야기를 나누어 보아요.
- 한컴타자연습에서 이야기를 타자로 연습해요.

⊙ 연습파일 : 명절음식.txt

	타수
해마다 설날이 되면 가족들과 세배를 하고 떡국을 먹어요.	31
대보름날에는 오곡밥과 호두, 땅콩과 같은 부럼을 먹어요.	63
봄꽃이 피는 삼짇날에는 진달래꽃으로 예쁜 화전을 만들어요.	96
단오에는 창포물에 머리를 감고 수리취를 넣은 떡을 만들어요.	130
날씨가 더운 삼복에는 닭에 찹쌀, 인삼, 대추를 넣은 삼계탕을 먹어요.	170
보름달이 뜨는 추석에는 가족들과 동그란 송편을 만들어 먹어요.	205
가을이 깊은 중양절에는 노란 국화로 부침개를 만들어 먹어요.	239
추운 겨울 동지에는 붉은 팥죽을 쑤어 함께 나누어 먹어요.	272

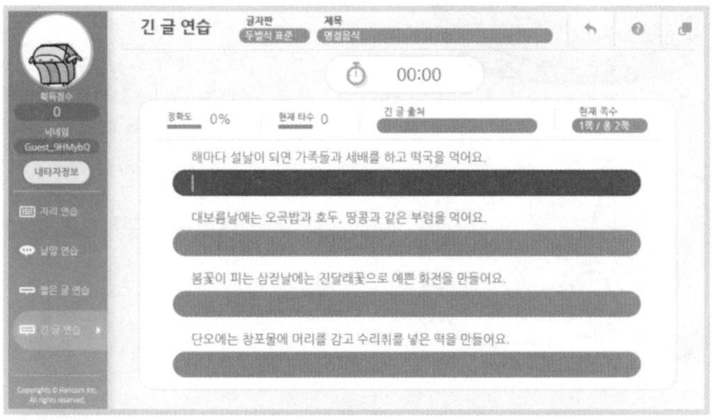

▲ 실습예제

궁금해요

각 나라마다 명절에 먹는 특별한 음식들이 있어요. 우리나라에서는 설날이나 추석이 되면 떡국과 송편을 먹어요. 중국에서는 추석이 되면 달을 닮은 동그란 월병을, 일본에서는 설날이 되면 오세치라고 하는 음식을 먹어요. 미국에서는 추수감사절이 되면 칠면조를 요리해 먹는다고 해요. 우리나라의 다른 명절에는 어떤 음식을 먹는지 알아보아요.

2 이야기 그리기

- 봄이 오면 들에 핀 꽃으로 예쁜 화전을 만들어 먹어요.
- 동그란 떡에 예쁜 꽃을 그려 넣고 색을 채워 완성해 보세요.

⊙ **연습파일 :** 화전.gif

작업예제

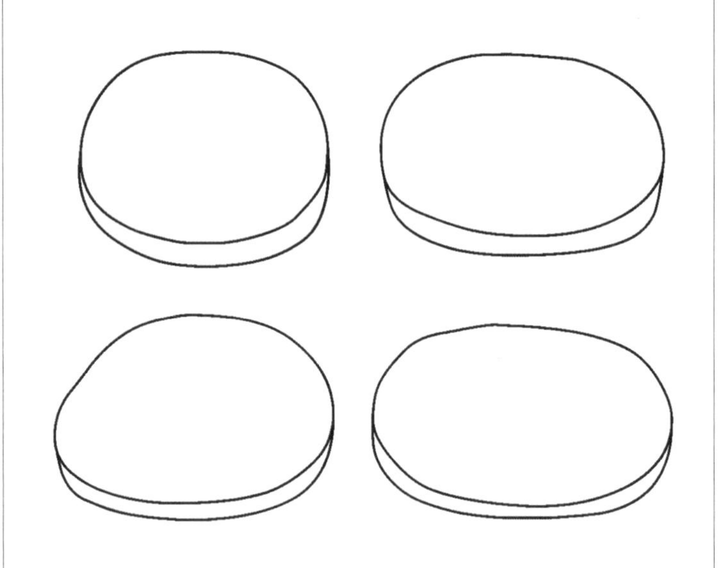

완성예제

그림판에서 화전 그림을 불러온 후 [브러시] 툴로 동그란 떡 안에 예쁜 꽃을 그려 보세요. [색 채우기] 툴로 좋아하는 색을 채워 완성해요.

따라해보세요

에피소드

3 한글로 만들어요

- 그리기 마당의 그림을 문서에 삽입하는 방법을 알아보아요.
- 그림 서식을 변경하는 방법을 알아보아요.

⊙ **연습파일** : 전통음식.hwp
◎ **완성파일** : 전통음식(완성).hwp

우리나라에서는 명절마다 특별한 음식을 만들어 먹어요. 어떤 음식이 있는지 알아보고 그리기마당의 그림을 문서에 삽입해 보아요.

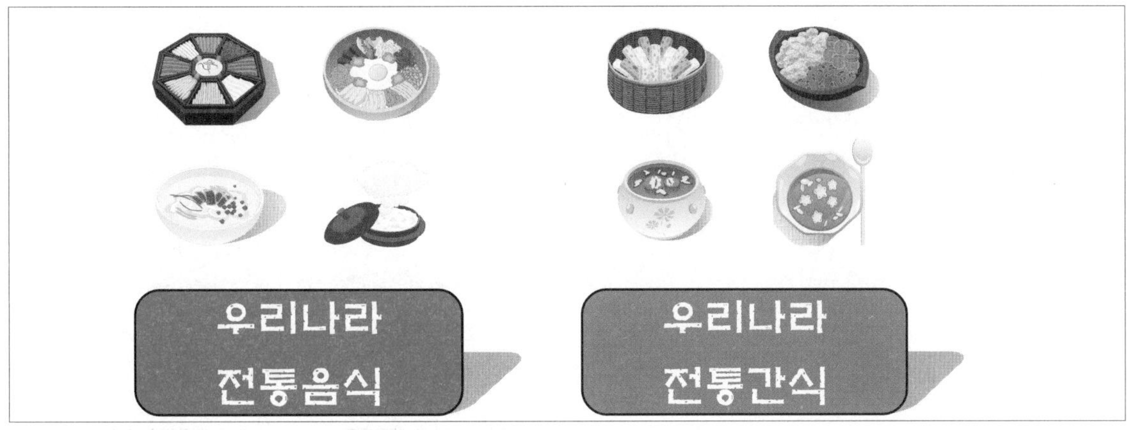

▲ 완성파일

① 파일을 불러온 후 [입력] 탭에서 [그리기마당()]을 클릭해요. [그리기마당] 대화상자의 [그리기 조각] 탭에서 [선택할 꾸러미]를 '전통(음식)'으로 선택하면 [개체 목록]에 여러 가지 음식 그림이 표시돼요.

② [개체 목록]에서 '떡국'을 선택하고 마우스가 십자 모양으로 바뀌면 드래그하여 그림을 삽입해요.

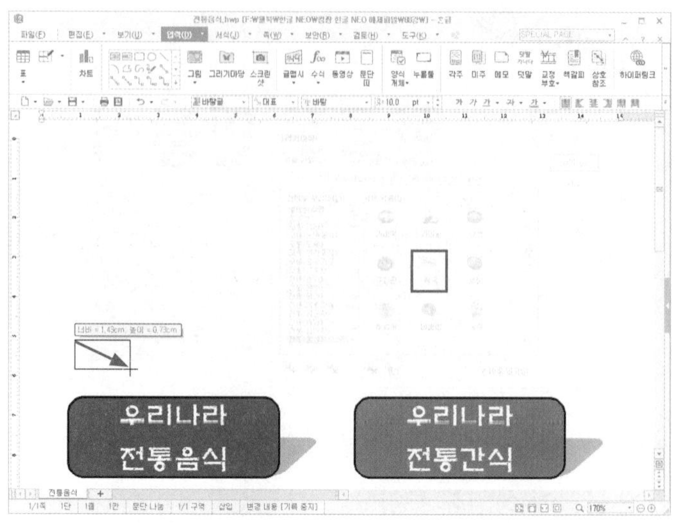

③ 문서에 삽입된 '우리나라 전통음식' 글자 위에 그림을 드래그하여 이동하고 조절점을 이용하여 크기를 바꾸어요.

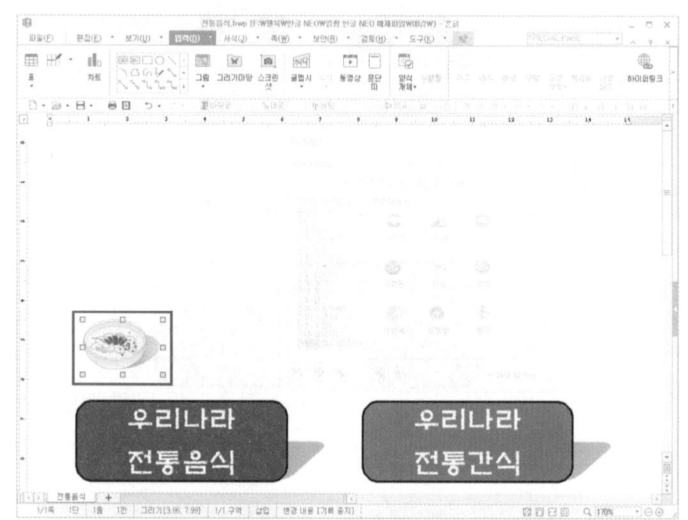

④ 같은 방법을 이용하여 그림과 같이 문서에 그리기 조각을 삽입하여 완성해요.

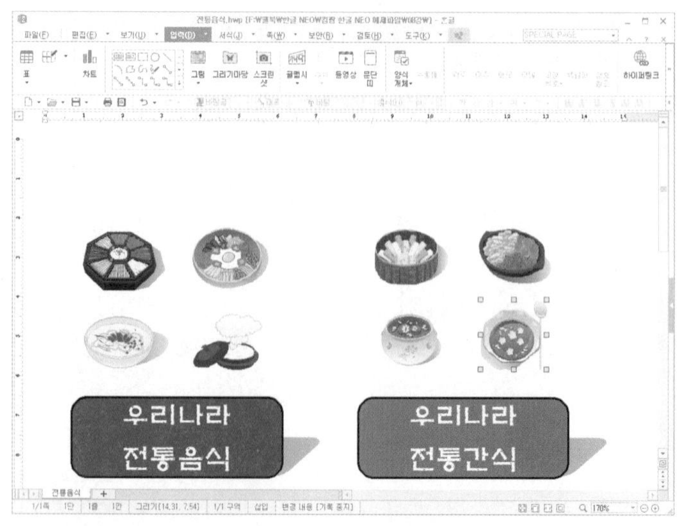

혼자서 해보기

1 [그리기마당]에서 [그리기 조각]을 삽입하여 그림과 같이 문서를 완성해 보세요.

⊙ **연습파일 :** 전통놀이.hwp
◎ **완성파일 :** 전통놀이(완성).hwp

우리나라의 전통놀이

옛날부터 명절에 즐겨하던 전통놀이에는
연날리기, 널뛰기, 제기차기등이 있어요.
멋진 한복을 입고 친구나 가족들과
즐거운 전통놀이를 해보면 어떨까요?

2 [그리기마당]에서 [그리기 조각]을 삽입하여 그림과 같이 문서를 완성해 보세요.

⊙ **연습파일 :** 서당.hwp
◎ **완성파일 :** 서당(완성).hwp

옛날에도 학교가 있었을까?

현대의 학교와 같이 옛날에도 어린 학생들이 공부할 수 있는
곳이 있었는데 가장 가까운 조선시대에 있었던 것으로
서당이 있어요. 서당에서 가르치는 선생님을
훈장이라고 불렀으며, 수업료는 쌀이나 땔나무,
옷을 받았다고 해요. 공부하는 책을 모두 마치면
책걸이라고 하는 작은 잔치를 열었다네요.

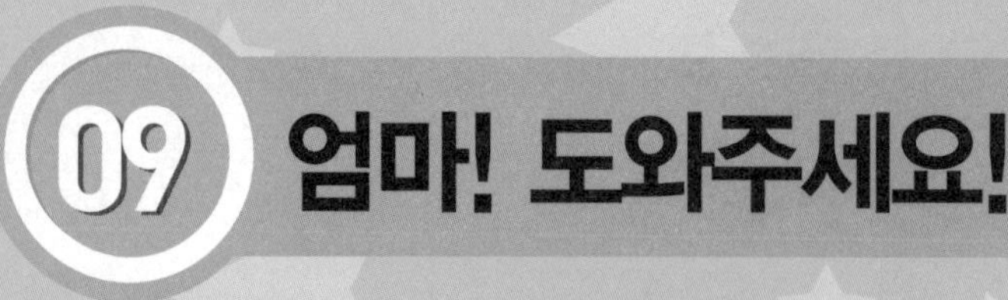

09 엄마! 도와주세요!

학습 목표
- 집에서 쉽게 만들 수 있는 요리에는 어떤 것이 있을까요?
- 엄마가 도와줘야만 하는 요리 단계는 어떤 것이 있는지 알아보아요.

월	일	타수

에피소드 1

타자연습

- 과일로 맛있는 잼을 만들려면 어떻게 해야 할까요?
- 한컴타자연습에서 이야기를 타자로 연습해요.

⊙ **연습파일** : 요리의달인.txt

	타수
맛있는 잼을 만들어요. 작고 빨간 딸기를 깨끗이 씻어요.	31
큰 냄비에 딸기를 넣고 하얀 설탕을 많이 뿌려요.	59
보글보글 거품이 올라오면 긴 주걱으로 천천히 저어요.	89
그런데 계속 딸기잼이 부글부글 끓어올라오기만 해요.	118
아무래도 안되겠어요. "엄마! 도와주세요!"	143
"불을 약하게 해야지! 너무 세게 하여 그런 거야."	173
아하! 그랬구나. 우리 엄마는 정말 요리의 달인이에요.	204
다음에는 더 맛있는 딸기잼을 꼭 혼자 완성해 볼래요.	234

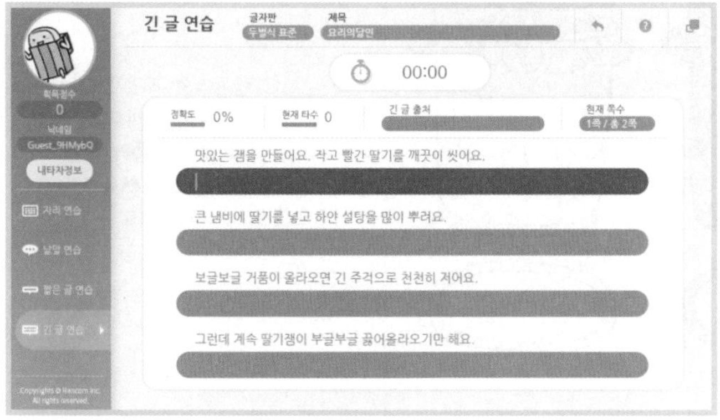

▲ 실습예제

궁금해요

과일을 잼으로 만들면 빵에 발라 맛있게 먹을 수 있어요. 친구들 집에서 손쉽게 잼을 만들 수 있어요. 과일을 깨끗이 씻어서 조그맣게 자른 다음 깊은 냄비에 넣고 설탕을 충분히 넣은 후 약한 불로 끓이면 돼요. 바닥에 눌어붙지 않도록 저어주면 달콤한 잼이 만들어져요. 딸기잼을 만들 때 레몬즙을 조금 넣으면 예쁜 색의 잼을 만들 수 있어요.

2 이야기 그리기

- 맛있는 과일로 만든 잼은 어떤 색일까요?
- 비어 있는 병에 잼을 가득 채우고 과일 이름에 맞는 잼이 되도록 색을 채워 완성해 보세요.

⊙ 연습파일 : 과일잼.gif

작업예제

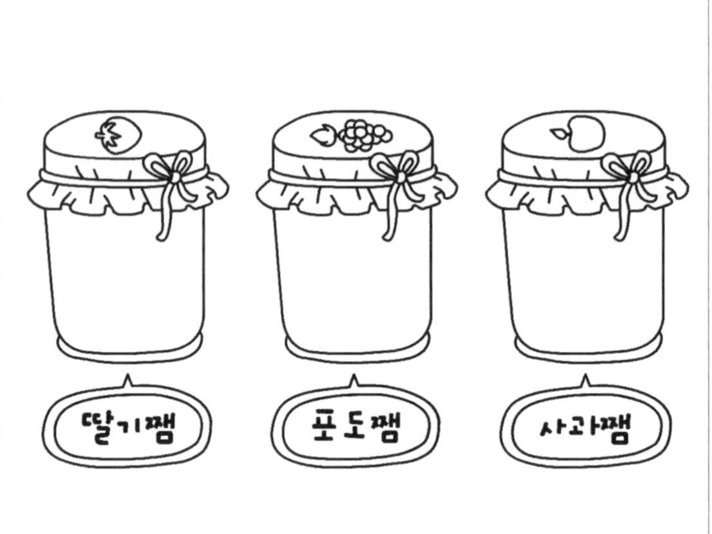

완성예제

그림판에서 과일잼 그림을 불러온 후 [색 채우기] 툴로 각 과일 이름에 맞는 색이 되도록 색을 채워 완성해요.

따라해보세요

한글로 만들어요

- 문서에 삽입된 그림의 속성을 바꾸는 방법을 알아보아요.

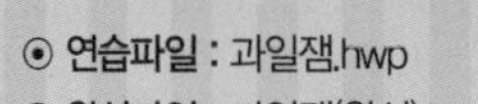

맛있게 만든 과일잼을 엄마에게 선물해 볼까요? 예쁜 편지를 만들기 위해 그림을 넣고 꾸미는 방법을 알아보아요.

엄마! 제가 만들었어요!

엄마가 사두신 오래된 과일을
맛있고 달콤한 잼으로 만들었어요.
한 번 맛보면 반하고 말꺼예요!
사랑하는 엄마에게 가장 먼저 드려요.
이제 나도 어엿한 요리사라구요!
엄마! 사랑해요!

엄마♥
사랑해요

▲ 완성파일

① 파일을 불러온 후 [입력] 탭에서 [그리기마당( )]을 클릭해요. [그리기마당] 대화상자의 [공유 클립아트] 탭에서 [선택할 꾸러미]를 '한글무늬'로 선택하면 [개체 목록]에 여러 가지 그림이 표시돼요.

② [개체 목록]에서 '엄마사랑해요01'을 선택하고 [넣기] 단추를 클릭해요. 마우스가 십자가 모양으로 바뀌면 드래그하여 문서에 그림을 삽입해요.

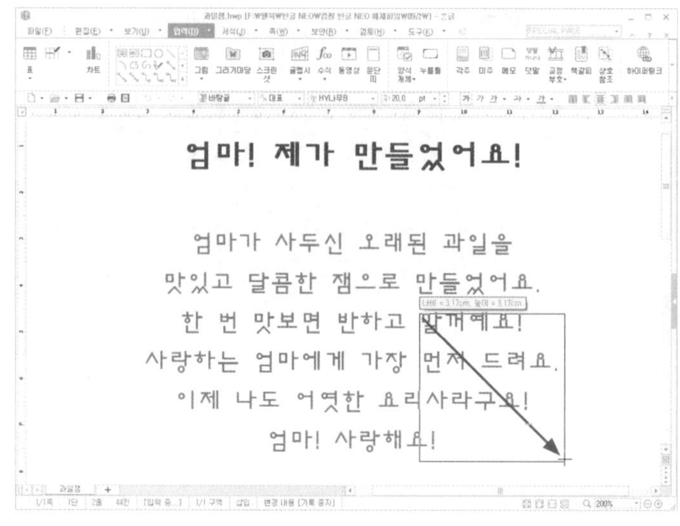

③ 삽입된 그림이 글자와 어울리게 만들기 위해 그림을 더블클릭해요. [개체 속성] 대화상자의 [기본] 탭에서 [위치]-[본문과의 배치]를 '어울림'으로 선택하고 [설정] 단추를 클릭해요.

④ 그림을 드래그하여 글자와 어울리도록 위치를 바꾸어 완성해요.

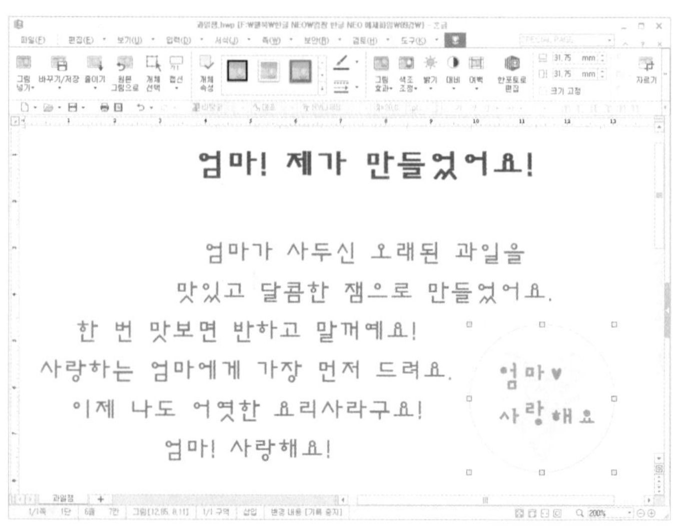

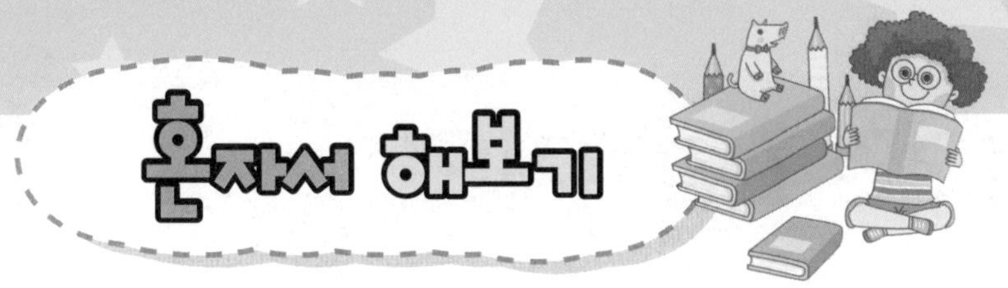

1 문서마당에서 클립아트를 삽입하고 그림과 같이 배치되도록 만들어 보세요.

⊙ **연습파일** : 자연보호.hwp
◎ **완성파일** : 자연보호(완성).hwp

자연을 보호합시다!

나뭇가지를 꺾으면 다시 붙일 수 있을까요? 꽃을 꺾고 다시 붙이면 원래대로 살아날 수 있을까요? 자연이 파괴되지 않도록 지켜야 해요. 한 번 아프면 다시 고치기 어렵기 때문이예요. 자연은 하늘, 물, 땅, 동물, 식물들이 옛날부터 서로를 지켜주면서 생태계의 균형을 유지할 수 있었어요. 그렇기 때문에 소중한 자연을 지켜야만 우리의 생활도 지킬 수 있어요.

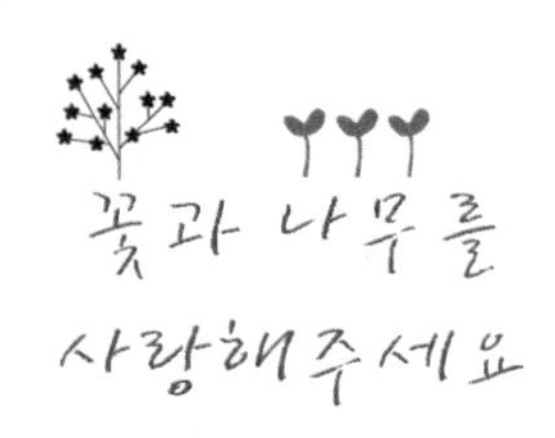

2 문서마당에서 클립아트를 삽입하고 그림과 같이 배치되도록 만들어 보세요.

⊙ **연습파일** : 전통악기.hwp
◎ **완성파일** : 전통악기(완성).hwp

우리나라의 악기

우리나라의 전통 악기들 중 신라시대부터 연주되어 온 오랜 관악기에는 대금이 있어요. 여러 해 묵은 노란 대나무인 황죽으로 만드는 대금은 여섯 개의 지공을 손가락으로 누르고 취공에 입으로 바람을 불어넣어 소리를 내요. 대금에서는 아주 장쾌하고 독특한 소리가 나요.

10 채소를 먹으면 건강해져요!

학습 목표
- 몸을 건강하게 도와주는 채소에는 어떤 것이 있을까요?
- 채소를 이용해 만들 수 있는 요리에 대해 알아보아요.

월	일	타수

비타민이 가득한 야채를 먹어야 건강해!

A

B

C

D

에피소드

1 타자연습

- 신선한 채소와 과일에는 몸에 좋은 비타민이 가득해요.
- 한컴타자연습에서 이야기를 타자로 연습해요.

⊙ **연습파일 :** 비타민.txt

	타수
녹색 채소는 우리 몸을 건강하게 도움을 줘요.	25
채소에 들어 있는 비타민은 우리 몸을 튼튼하게 해요.	55
시금치, 당근, 우유에는 눈에 좋은 비타민이 많아요.	85
콩, 녹황색 채소에는 몸이 피곤할 때 좋은 비타민이 많아요.	119
귤, 딸기 같은 과일에는 면역력을 높이는 비타민이 많아요.	152
계란 노른자, 참치에는 뼈가 튼튼해지는 비타민이 많아요.	184
채소가 싫다고 고기반찬만 먹으면 안 돼요.	208
반찬을 골고루 먹으면 몸을 건강하게 할 수 있어요.	237

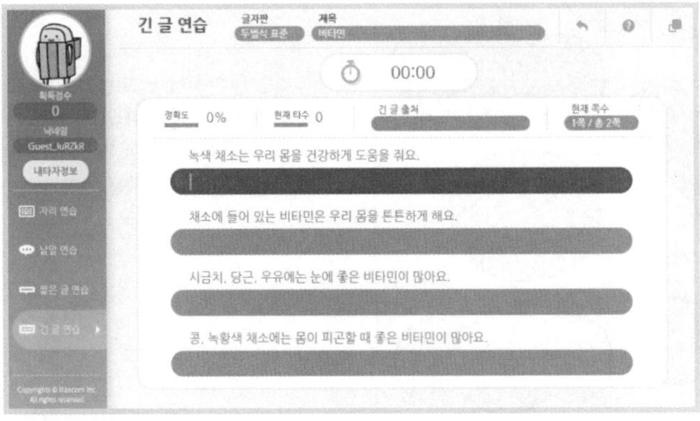

▲ 실습예제

궁금해요

비타민은 우리 몸의 건강을 위해 필요한 영양소예요. 그런데 우리 몸에서는 비타민을 직접 만들지 못하기 때문에 음식을 통해 비타민을 섭취해야 해요. 비타민은 녹색 채소에 가장 많이 들어 있는데 대표적인 것으로 새콤한 비타민 C가 있어요. 우리가 음식을 고르게 먹으면 쉽게 비타민을 함께 섭취할 수 있어요.

2 이야기 그리기

- 우리가 먹는 과일과 채소에는 비타민이 많이 들어 있어요.
- 색을 채워 완성하고 어떤 비타민이 들어 있는지 선생님과 이야기를 나누어 보세요.

⊙ 연습파일 : 비타민.gif

작업예제

완성예제

그림판에서 비타민 그림을 불러온 후 [색 채우기] 툴로 각 과일과 채소에 맞는 색을 채우고 글자를 입력하여 완성해요.

따라해보세요

3 한글로 만들어요

- 컴퓨터에 저장되어 있는 그림을 삽입하는 방법을 알아보아요.
- 그림의 속성을 변경하는 방법을 알아보아요.

⊙ **연습파일 :** 비타민.hwp
◎ **완성파일 :** 비타민(완성).hwp

신선한 과일에는 몸에 좋은 비타민이 듬뿍 들어 있어요. 문서에 그림을 삽입하고 서식을 바꾸는 방법을 알아보아요.

▲ 완성파일

① 파일을 불러온 후 [입력] 탭에서 [그림( )]을 클릭해요. [그림 넣기] 대화상자가 표시되면 '포도.jpg' 그림을 선택하고 [넣기] 단추를 클릭해요. 이때 '글자처럼 취급', '마우스로 크기 지정'의 체크는 모두 해제해요.

② 삽입한 그림을 선택하고 [그림] 탭의 [배치]-[글 뒤로]를 클릭하면 그림이 글의 뒤로 위치가 바뀌어요.

③ 그림을 밝게 만들기 위해 [그림] 탭의 [밝기]를 클릭하여 밝기를 조절해요.

④ 그림의 필요한 부분만 사용하기 위해 [그림] 탭의 [자르기]를 클릭해요. 그림 바깥 부분에 자르기 표시가 나타나면 드래그하여 사용할 부분만 남겨요.

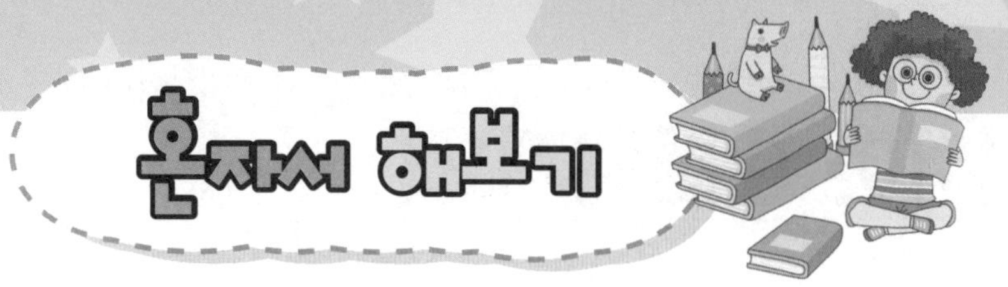

1 문서에 '연날리기.jpg' 그림을 삽입하고 그림과 같이 만들어 보세요.

⊙ **연습파일 :** 연날리기.hwp
◎ **완성파일 :** 연날리기(완성).hwp

하늘에 멋진 연을 날리자!

찬바람 세게 부는 겨울, 새해가 되면 바라는 소망을 담아 하늘에 날렸어요. 전기줄이 많은 요즘에는 잘 하지 못하지만, 시골과 같이 넓은 들판이 있는 곳에서 대나무와 종이로 큰 연을 만들고 하늘에 긴 줄로 이어 날리면 바람을 타고 멋진 연이 하늘 높이 나는 것을 볼 수 있어요.

2 문서에 '토끼와거북이.jpg' 그림을 삽입하고 그림과 같이 만들어 보세요.

⊙ **연습파일 :** 토끼와거북이.hwp
◎ **완성파일 :** 토끼와거북이(완성).hwp

토끼와 거북이

옛날 용왕의 딸이 병이 들었어요.
토끼의 간을 먹으면 나을 수 있다는
말에 거북이에게 토끼를 데리고 오라
했어요. 한참 바다를 헤엄쳐 가는 길에
토끼에게 사실을 말하자 토끼는 간을

바위 위에 씻어 올려놓았다고 거짓말을 했어요. 다시 간을
가지러 육지로 간 토끼는 얼른 도망가고 말았어요.

11 골고루 먹어야 튼튼해져요!

학습 목표
- 몸을 건강하게 하려면 음식을 가리지 말아야 해요.
- 좋아하지 않는 음식을 맛있게 먹으려면 어떻게 해야 할까요?

월	일	타수

에피소드

1 타자연습

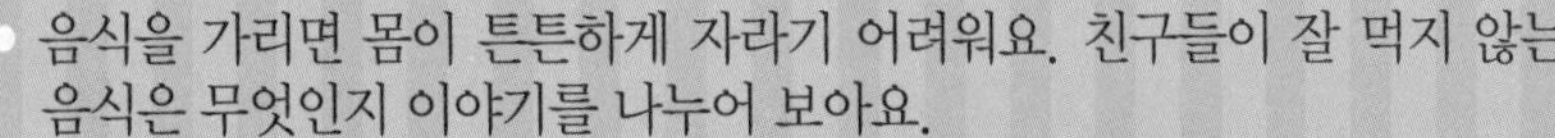

- 음식을 가리면 몸이 튼튼하게 자라기 어려워요. 친구들이 잘 먹지 않는 음식은 무엇인지 이야기를 나누어 보아요.

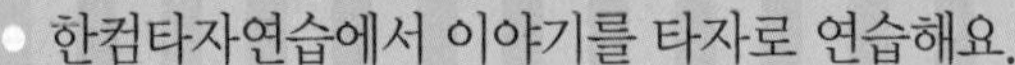

- 한컴타자연습에서 이야기를 타자로 연습해요.

⊙ **연습파일 :** 편식.txt

	타수
울퉁불퉁 못생긴 빨간 토마토는 먹기 싫어요.	24
밥 속에 들어간 녹색 구슬처럼 생긴 완두콩도 먹기 싫어요.	57
생선은 큰 눈으로 쳐다보는 것 같아서 싫어요.	83
입안에서 물렁거리는 감자도 싫어요.	103
엄마는 내가 싫어하는 반찬만 만들어 주시는 것 같아요.	134
내가 좋아하는 음식만 먹고 싶은데 엄마는 안된대요.	163
아빠처럼 키도 크고 튼튼해지려면 이것저것 다 먹어야 한대요.	197
싫어하는 음식들이 많지만 조금씩 고쳐 볼래요.	223

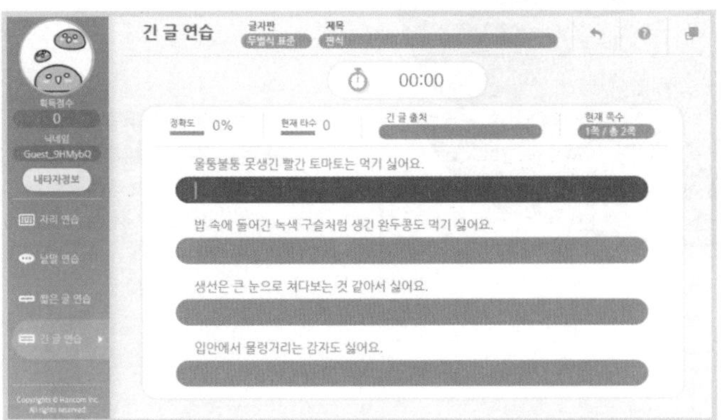

▲ 실습예제

궁금해요

먹기 싫다고 건강에 좋은 음식들을 먹지 않으면 안 돼요. 어렸을 때 편식을 하면 몸의 영양 균형이 깨져서 건강이나 성격에 문제를 줄 수 있어요. 편식을 한 번에 고치는 것은 쉽지 않지만 싫어하는 음식을 조금씩 먹으면서 몸이 길들여지도록 하는 것이 가장 좋아요. 특히 급식을 먹을 때 좋아하지 않는 음식도 조금씩 골고루 먹어야 해요.

2 이야기 그리기

- 음식을 골고루 먹어야 건강해져요.
- 몸에 좋은 완두콩들에 색을 칠하고 예쁜 얼굴을 그려주세요.

⊙ **연습파일** : 완두콩.gif

작업예제

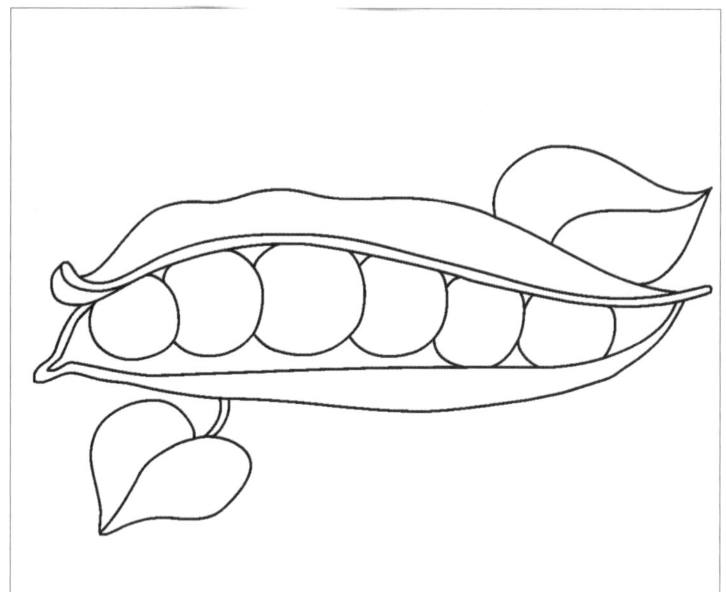

완성예제

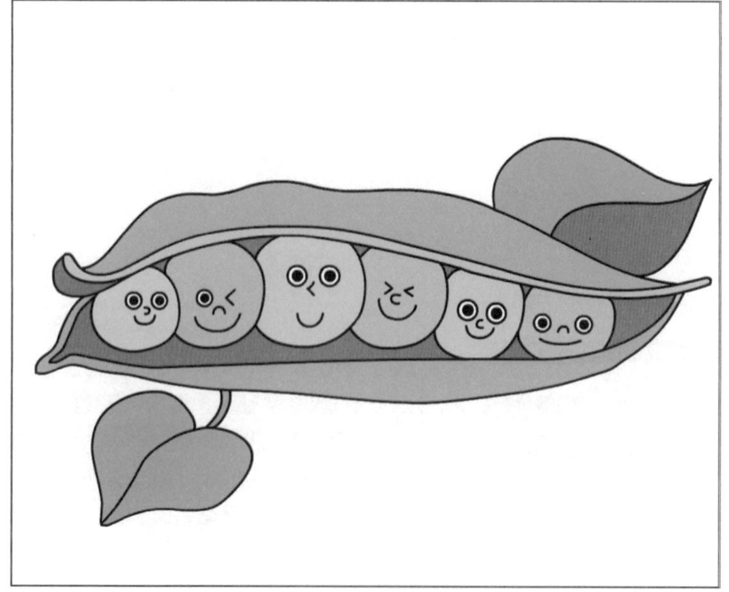

그림판에서 완두콩 그림을 불러온 후 [색 채우기] 툴로 색을 채워요. [브러시] 툴로 예쁜 얼굴도 그려 보세요.

따라해보세요

한글로 만들어요

- 글자를 다른 단어로 바꾸는 방법을 알아보아요.

⊙ 연습파일 : 편식안돼.hwp
◎ 완성파일 : 편식안돼(완성).hwp

몸을 튼튼하게 하려면 음식을 골고루 먹어야 해요. 문서에 있는 단어들을 다른 단어로 한꺼번에 바꾸는 방법을 알아보아요.

편식을 하면 안 돼요!

나는 밥에 들어있는 녹색 완두콩이 좋아요.
나는 보라색의 물컹한 가지도 좋아요.
녹색의 시금치는 너무나도 좋아요.
구워놓은 생선도 나는 좋아요.
그래도 아빠처럼 튼튼해 지려면 모두 먹어야 해요.

▲ 완성파일

① 파일을 불러온 후 원하는 글자를 찾기 위해 [편집] 탭에서 [찾기( )]를 클릭해요.

② [찾기] 대화상자가 표시되면 [찾을 내용]에 '싫어요'를 입력하고 [다음 찾기] 단추를 클릭해요.

찾기 ? ✕

찾을 내용(E): 싫어요

선택 사항
- ☐ 대소문자 구별(U) ☐ 온전한 낱말(W) ☐ 여러 단어 찾기(M)
- ☐ 띄어쓰기 무시(J) ☐ 아무개 문자(T) ☐ 한글로 한자 찾기(H)
- ☐ 자소 단위 찾기(A) ☐ 조건식 사용(X)

찾을 방향: ◉ 아래쪽(O) ○ 위쪽(K) ○ 문서 전체(L)

다음 찾기(F) | 모두 찾기(D) | 바꾸기(R)... | 닫기

③ 입력한 글자를 찾아 블록으로 표시해요. [다음 찾기] 단추를 다시 누르면 다른 부분에 있는 글자를 계속 찾아요.

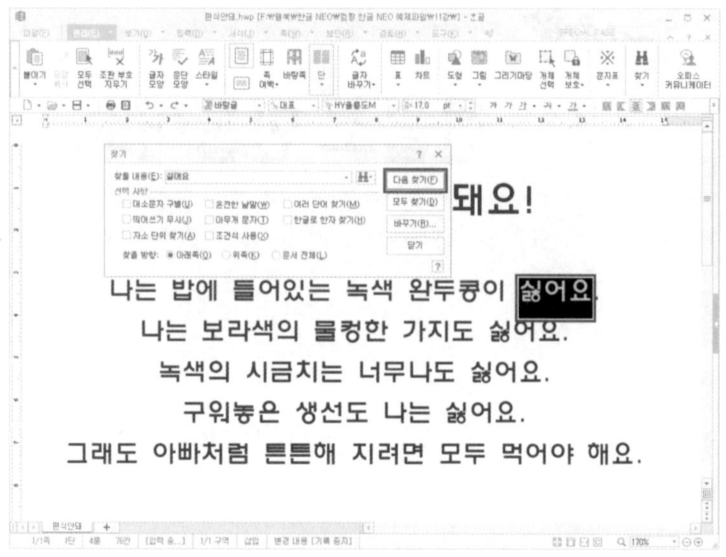

④ [찾기] 대화상자의 [바꾸기] 단추를 클릭하면 [찾아 바꾸기] 대화상자로 바뀌어요. [찾을 내용]에 '싫어요', [바꿀 내용]에 '좋아요'를 입력하고 [바꾸기] 단추를 클릭해요.

⑤ 선택한 단어가 바뀐 것을 확인할 수 있어요. [모두 바꾸기] 단추를 클릭하면 문서 내의 모든 단어를 한꺼번에 찾아 바꿀 수 있어요.

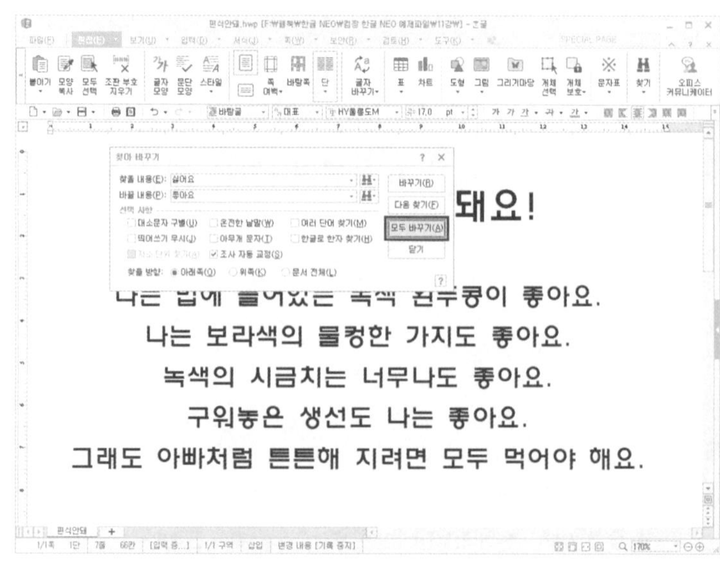

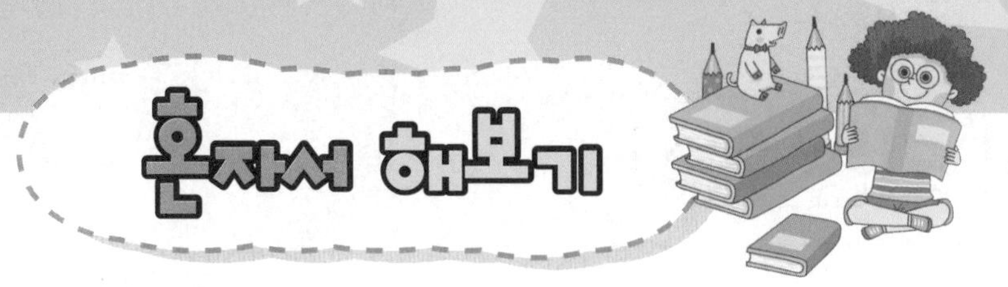

1 문서에 'Indian' 단어를 'Korean' 단어로 바꾸어 보세요.

⊙ **연습파일** : 열꼬마인디언.hwp
◎ **완성파일** : 열꼬마인디언(완성).hwp

Ten little Korean boys

One little two little three little Koreans
Four little five little six little Koreans
Seven little eight little nine little Koreans
Ten little Korean boys

2 문서에 '엄마' 단어를 '아빠' 단어로 바꾸어 보세요.

⊙ **연습파일** : 슈퍼맘.hwp
◎ **완성파일** : 슈퍼맘(완성).hwp

우리 아빠는 수상해!

아빠는 못하는 것이 없어요.
맛있는 요리도 뚝닥뚝딱! 집안 정리도 슥슥!
우리들이 모르는 공부도 알려주세요!
운전을 생각보다 잘하시는 것 같아요.
우리 아빠는 아무래도 슈퍼맨인가봐요!

12 몸에 약이 되는 음식

학습 목표
- 건강에 도움이 되는 음식에는 어떤 것이 있는지 알아보아요.
- 오늘 먹은 음식은 우리 몸에 어떤 도움을 주는지 알아보아요.

월	일	타수

에피소드 1

타자연습

- 엄마가 정성껏 만든 음식을 먹으면 몸이 건강해져요. 몸에 도움을 주는 음식에는 어떤 것이 있는지 친구들과 이야기를 나누어 보아요.
- 한컴타자연습에서 이야기를 타자로 연습해요.

⊙ **연습파일** : 약식동원.txt

	타수
아무리 더운 여름이라고 차가운 음식만 먹으면 배탈이 나요.	32
우리 몸에 도움이 되는 음식들을 먹으면 건강해져요.	61
비타민이 가득한 과일은 몸이 지치고 피곤할 때 도움을 줘요.	95
복날에 먹는 삼계탕은 더울 때 기운을 나게 해 줘요.	125
등이 푸른 생선은 열심히 공부하는 우리에게 좋아요.	154
채소를 많이 먹으면 장을 깨끗하게 청소하고 튼튼하게 해요.	187
오랫동안 발효하여 먹는 김치는 누구에게나 좋은 음식이래요.	220
내 입맛에 맞는 음식보다 몸에 좋은 음식을 먹어야 건강해져요.	255

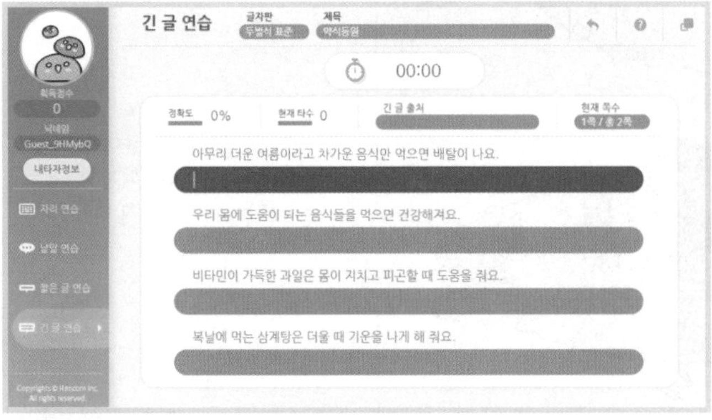

▲ 실습예제

궁금해요

우리는 음식을 통하여 많은 영양소를 섭취하게 돼요. 어떤 음식과 재료들은 우리 몸을 건강하게 해 주는 역할을 해 주는데 과일을 통해 비타민, 고기나 생선을 통해 단백질, 밥과 곡식을 통해 탄수화물을 얻을 수 있어요. 모든 음식을 고르게 먹어야 몸이 건강해진다는 것을 꼭 기억해야 해요.

2 이야기 그리기

- 고등어는 공부하는 우리에게 좋은 DHA가 풍부해요.
- 예쁘게 색을 칠해 등이 푸른 고등어를 완성해 보세요.

⊙ **연습파일 :** 고등어.gif

작업예제

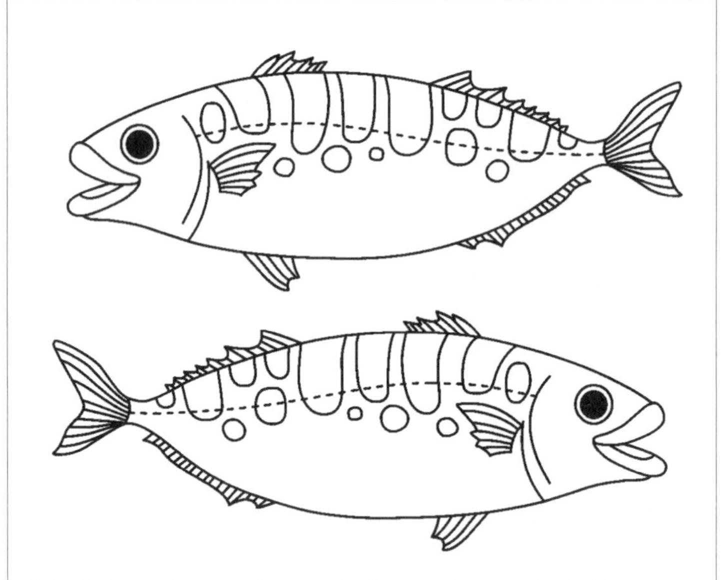

완성예제

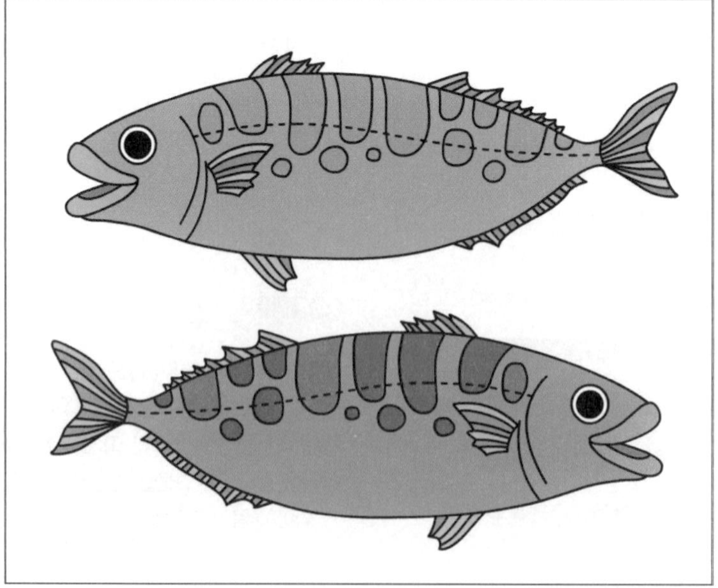

그림판에서 고등어 그림을 불러온 후 [색 채우기] 툴로 색을 칠해 예쁘게 완성해요.

따라해보세요

한글로 만들어요

- 글상자를 이용하여 글자를 입력하는 방법을 알아보아요.

⊙ **연습파일** : 생선.hwp
◎ **완성파일** : 생선(완성).hwp

생선에는 우리 몸에 좋은 영양소가 많아요. 글상자를 이용하여 생선 각 부위의 이름을 입력하는 방법을 알아보아요.

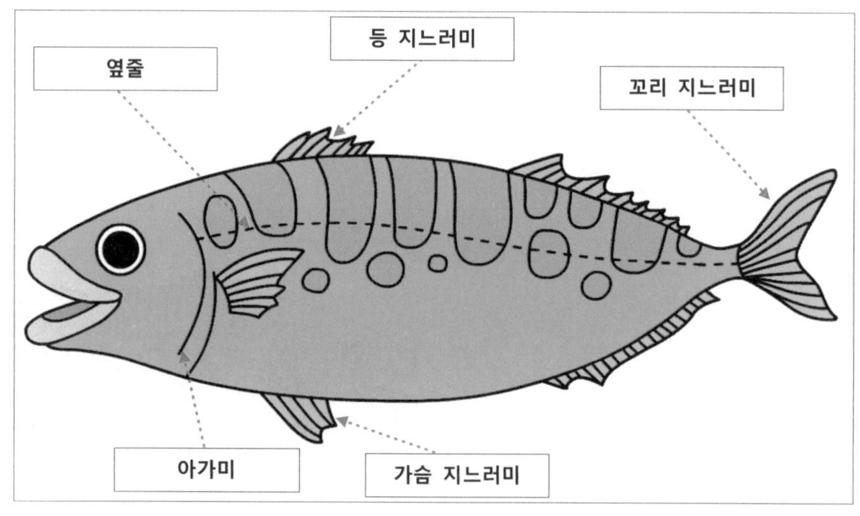

▲ 완성파일

① 파일을 불러온 후 글상자를 입력하기 위해 [입력] 탭에서 [가로 글상자(▤)]를 클릭해요.

② 마우스가 십자 모양으로 바뀌면 글자를 삽입할 부분 위에 드래그하여 글상자를 삽입해요.

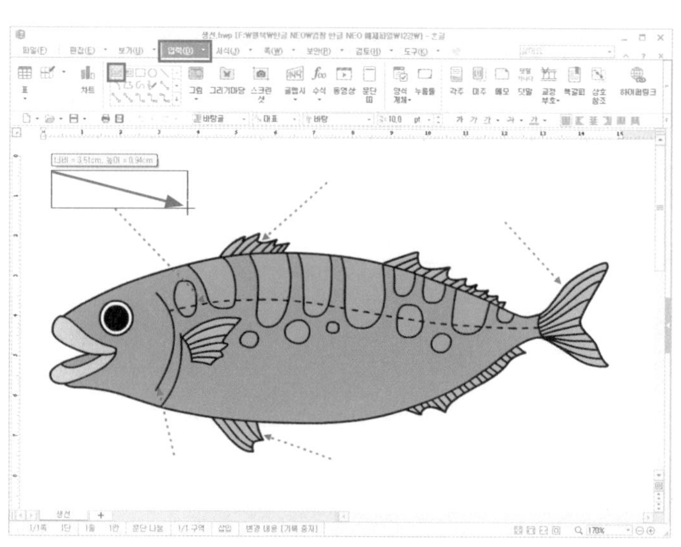

③ 글상자 속에 '옆줄'을 입력해요. 글자를 블록 설정하고 [서식] 도구상자에서 조건과 같이 글자 모양을 바꿔요.

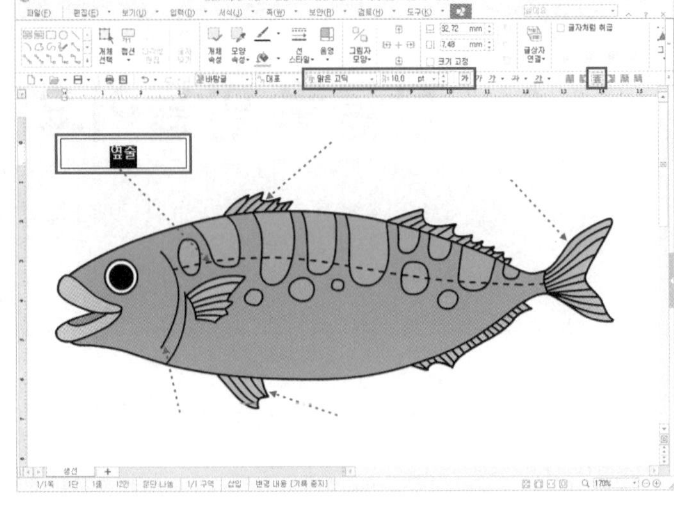

조건

- 맑은 고딕, 10pt, 굵게, 가운데 정렬

④ 글상자를 Ctrl을 누르고 복사하려는 부분으로 드래그해요. 같은 방법을 반복하여 그림과 같이 글상자를 복사해요.

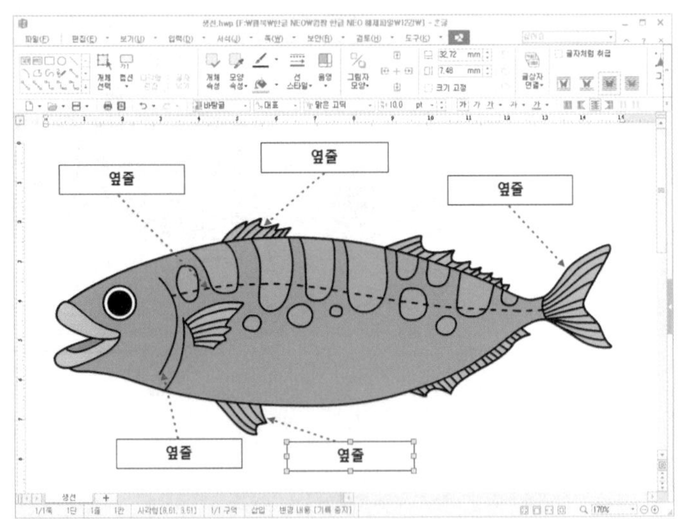

⑤ 그림과 같이 글상자에 입력된 내용을 바꿔 문서를 완성해요.

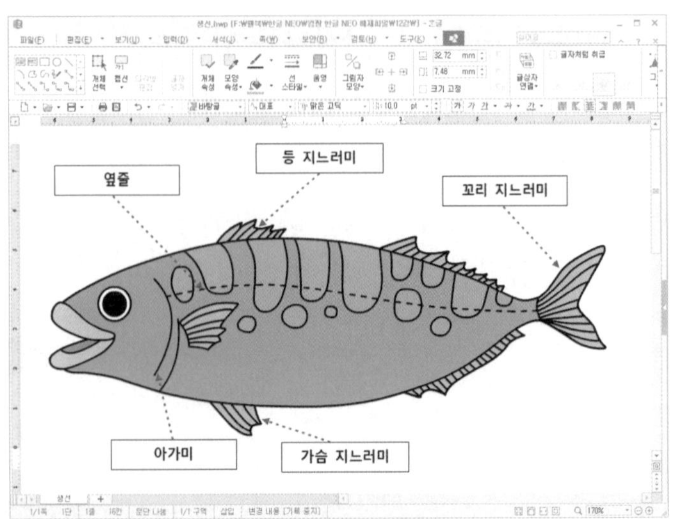

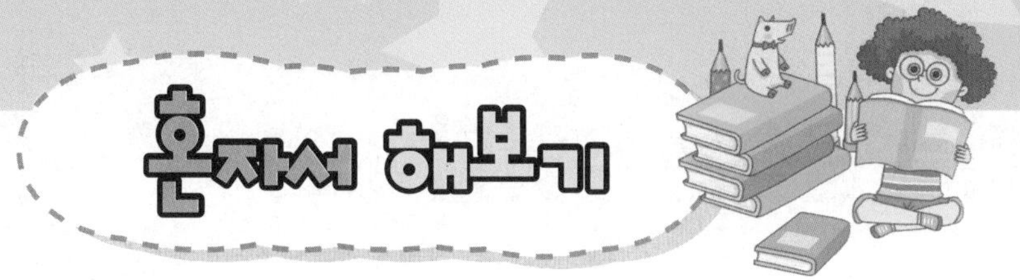

1 문서에 그림과 같이 글상자를 입력해 보세요.

⊙ **연습파일 :** 간식순위.hwp
◎ **완성파일 :** 간식순위(완성).hwp

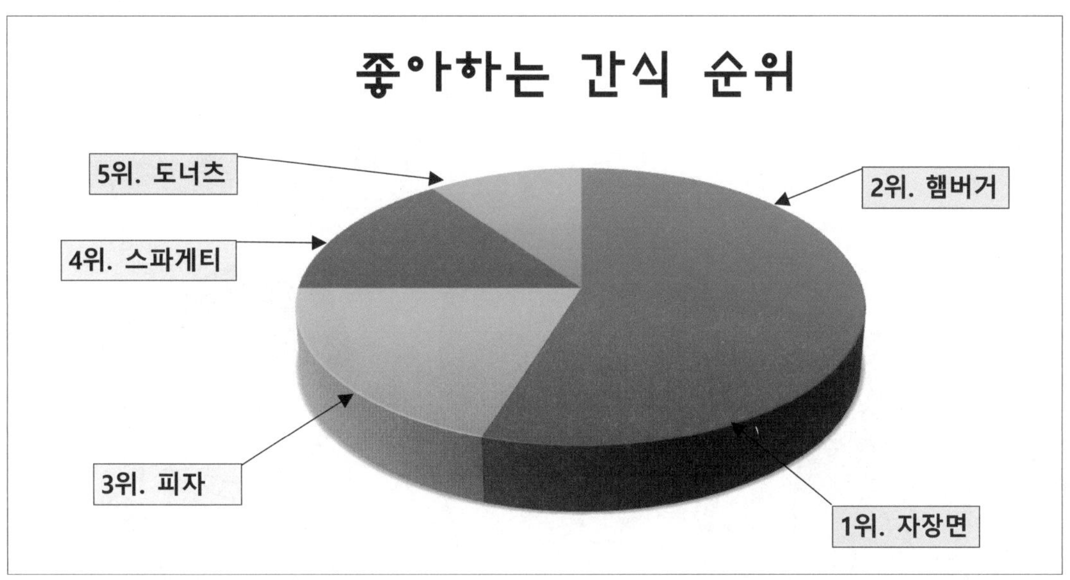

2 문서에 그림과 같이 글상자를 입력해 보세요.

⊙ **연습파일 :** 전래동화.hwp
◎ **완성파일 :** 전래동화(완성).hwp

13 내가 좋아하는 음식은 무엇일까요?

학습 목표
- 기억 속의 가장 맛있었던 음식은 무엇이 있을까요?
- 친구들과 좋아하는 음식에 대해 이야기를 나누어 보아요.

월	일	타수

1 타자연습

- 친구들이 가장 좋아하는 음식은 무엇인가요?
- 한컴타자연습에서 이야기를 타자로 연습해요.

⊙ 연습파일 : 좋아하는음식.txt

	타수
아빠와 운동하고 먹는 아이스크림은 너무 맛있어요.	27
할머니가 끓여주신 보글보글 된장찌개도 너무 좋아요.	56
조물조물 밀가루를 뜯어 만든 쫄깃한 감자 수제비도 좋아요.	89
친구들과 함께 만들어 먹은 시원한 팥빙수는 정말 끝내줘요.	122
엄마가 만들어 주신 매콤달콤한 떡볶이도 너무 맛있어요.	153
먹으면 입 주변이 까맣게 되어도 짜장면은 언제나 맛있어요.	186
세상에는 내가 좋아하는 맛있는 음식이 너무 많아요.	215
다른 친구들은 어떤 음식을 좋아할까 궁금해요.	241

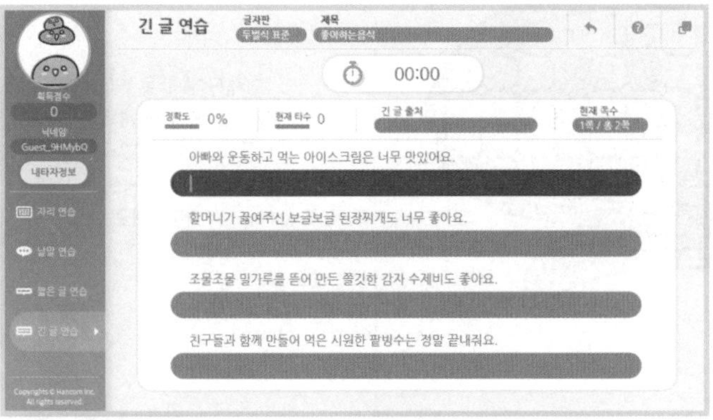

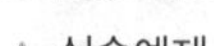
▲ 실습예제

친구들이 좋아하는 음식은 무엇이 있을까요? 원두막에 앉아 먹는 시원한 수박, 열심히 운동하고 마시는 주스, 시골 외가에서 먹는 옥수수 등 누구나 기억에 남는 맛있는 음식들이 있을 거예요. 다른 친구들은 어떤 음식이 기억에 남는지 좋아하는 음식 이야기를 나누어 보아요.

2 이야기 그리기

- 여름에 먹는 옥수수는 참 달콤하죠?
- 예쁘게 색을 칠해 먹음직한 옥수수를 그려 보고, 친구들이 좋아하는 글자를 만들어요.

⊙ **연습파일 :** 옥수수.gif

작업예제

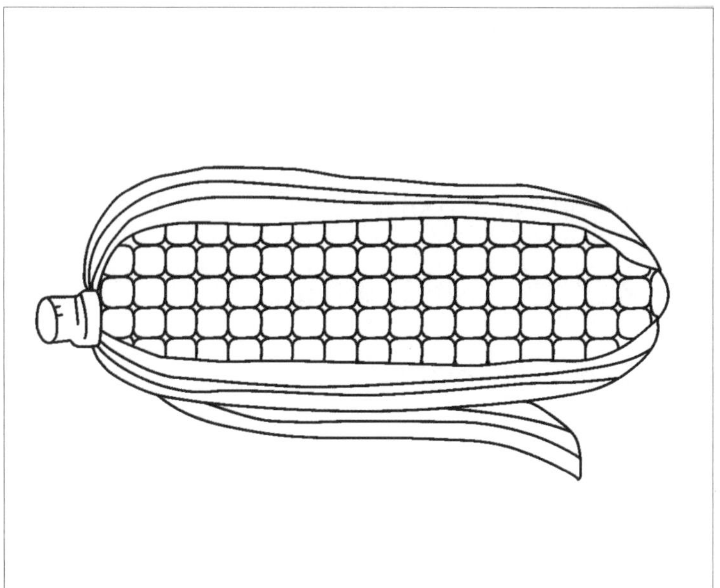

완성예제

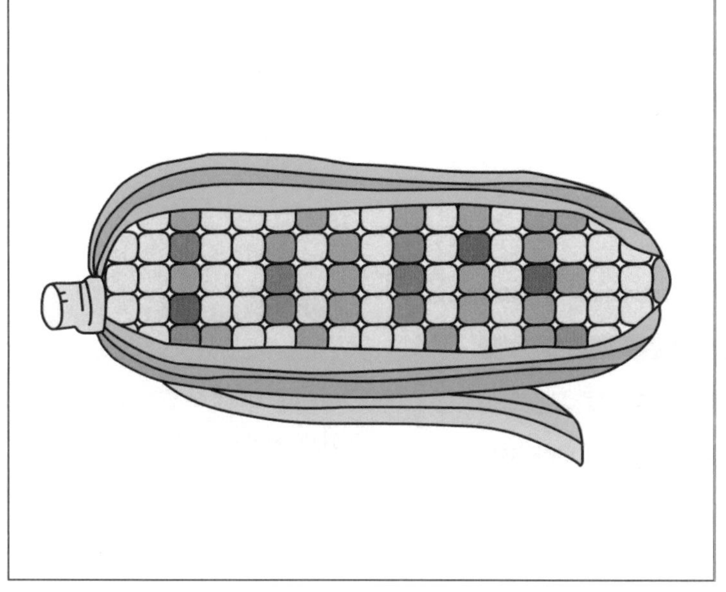

그림판에서 옥수수 그림을 불러온 후 [색 채우기] 툴로 색을 채워요. 글자를 입력할 부분은 다른 색으로 칠해 완성해요.

따라해보세요

한글로 만들어요

- 도형을 삽입하고 글자를 입력하는 방법을 알아보아요.
- 도형은 선으로 연결하는 방법을 알아보아요.

⊙ 연습파일 : 좋아하는음식.hwp
◎ 완성파일 : 좋아하는음식(완성).hwp

우리 가족들이 좋아하는 음식은 무엇일까요? 도형을 삽입하고 좋아하는 음식의 이름을 입력하는 방법을 알아보아요.

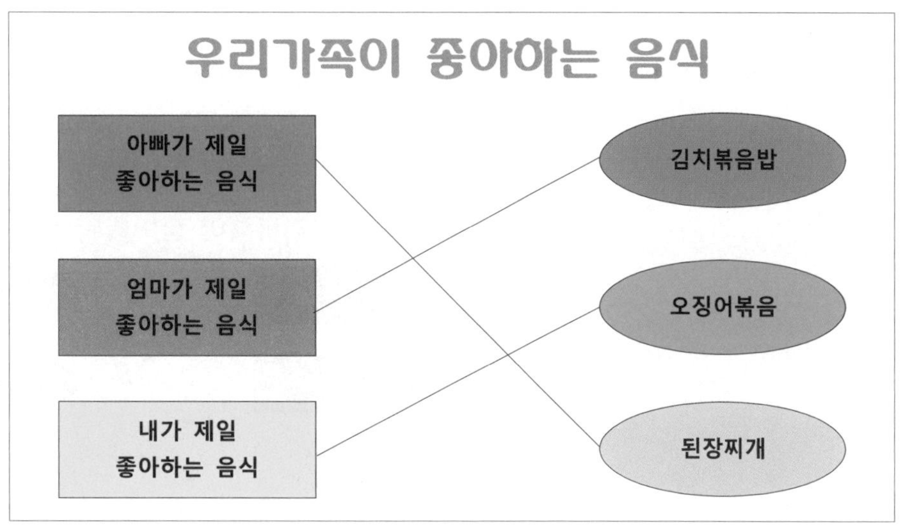

▲ 완성파일

① 파일을 불러온 후 도형을 삽입하기 위해 [입력] 탭에서 '직사각형'을 선택해요.

② 마우스가 십자 모양으로 바뀌면 드래그하여 직사각형 도형을 삽입해요. [도형] 탭의 [채우기( )]를 클릭한 후 도형 색을 바꿔요.

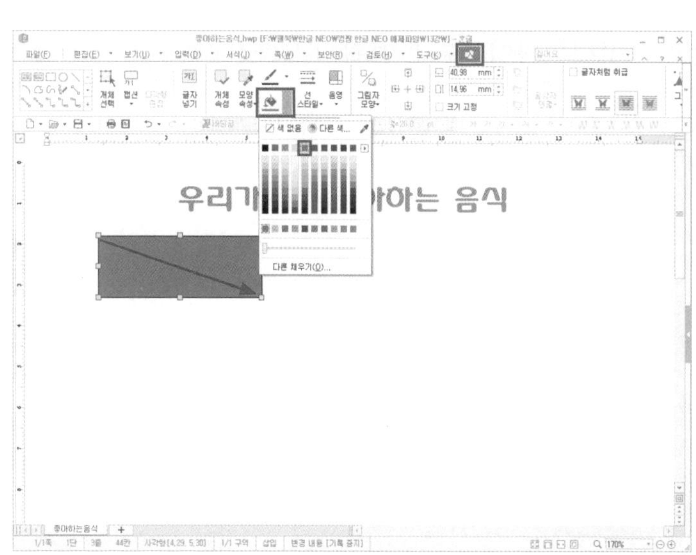

③ 도형 위에서 마우스 오른쪽 버튼을 클릭하고 [도형 안에 글자 넣기]를 클릭해요. 커서가 깜빡이면 그림과 같이 글자를 입력하고 서식을 변경해요.

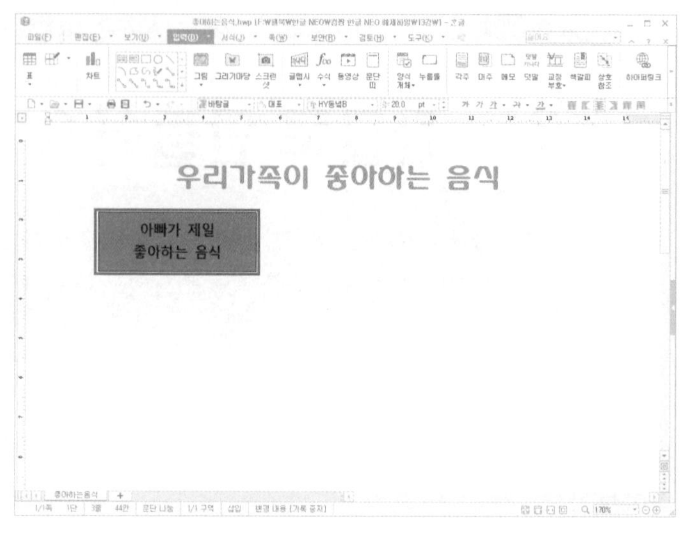

조건

- 맑은 고딕, 10pt, 검정, 굵게, 가운데 정렬

④ 같은 방법을 이용하여 그림과 같이 타원 도형을 삽입하고 글자를 입력해요.

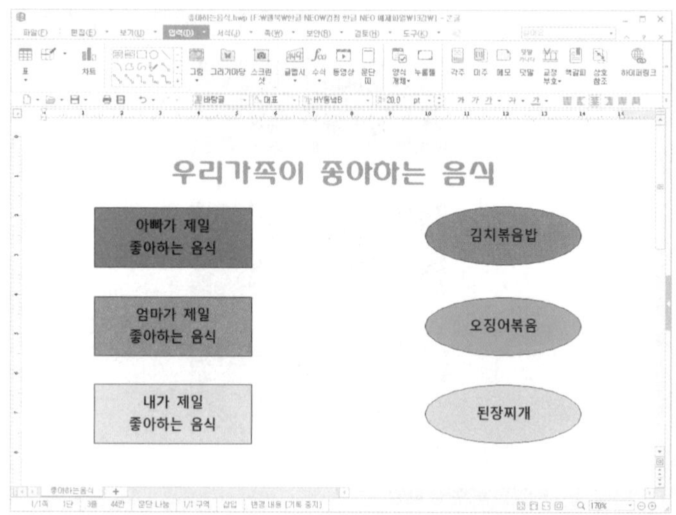

⑤ [입력] 탭의 '직선 연결선'을 선택하고 그림과 같이 도형들을 연결해요.

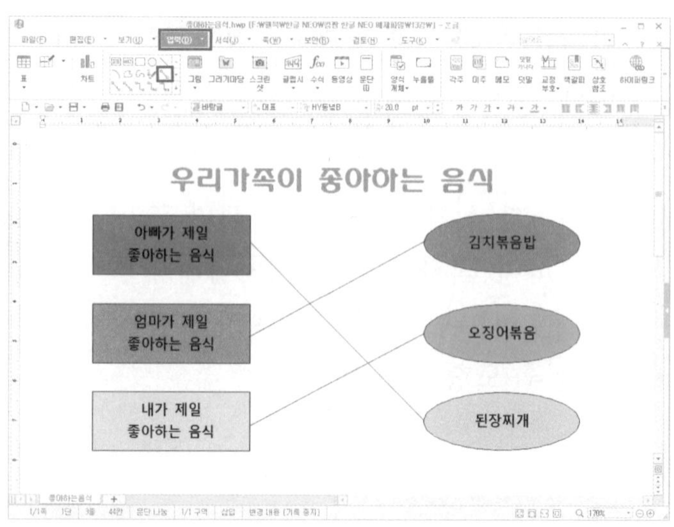

혼자서 해보기

1 그림과 같이 도형을 이용하여 만들어 보세요.

⊙ **연습파일 :** 준비물.hwp
◎ **완성파일 :** 준비물(완성).hwp

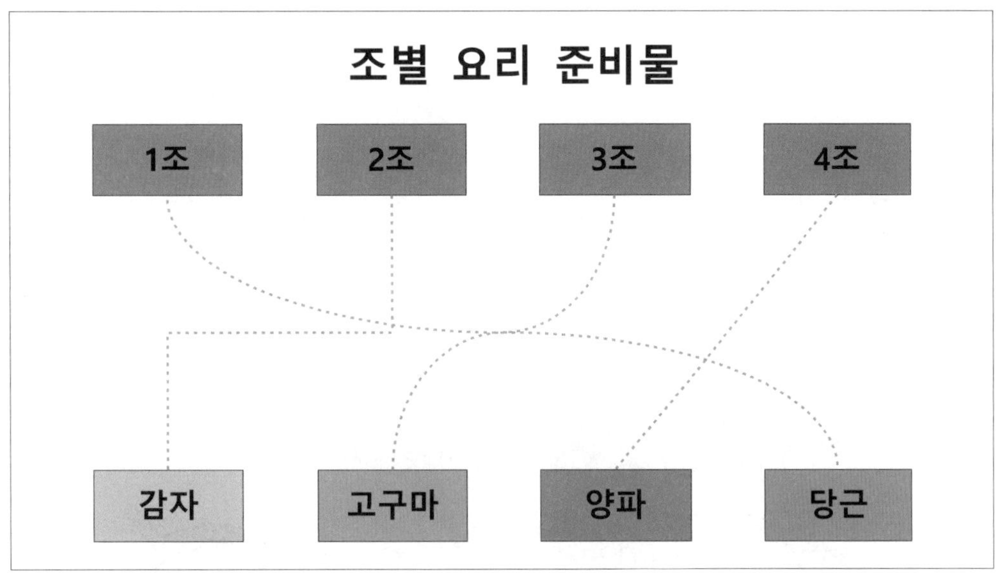

2 그림과 같이 도형을 이용하여 만들어 보세요.

⊙ **연습파일 :** 요리과제.hwp
◎ **완성파일 :** 요리과제(완성).hwp

14 수리수리 뚝딱! 마법의 요리

학습 목표
- 마법으로 음식을 만들 수 있다면 어떤 것을 만들고 싶나요?
- 영화 속에 나오는 마법 음식에는 어떤 것이 있는지 알아보아요.

월	일	타수

수리수리 뚝딱!
맛있게 만들어져라!

1 타자연습

- 마법으로 요리를 만들 수 있다면 어떤 요리를 만들고 싶나요?
- 한컴타자연습에서 이야기를 타자로 연습해요.

⊙ **연습파일 :** 마법요리.txt

	타수
나는 뾰로롱 꼬마 마법사! 마법으로 맛있는 음식을 만들어볼까?	34
밀가루를 반죽하고 해님에게 던져 빵을 맛있게 구워요.	64
솜사탕같이 포근한 구름을 케이크에 듬뿍 올리고,	91
밤하늘의 반짝이는 별들로 예쁘게 장식해요.	115
마법의 지팡이를 번쩍 들고 주문을 외우니 케이크가 완성돼요!	149
예쁜 케이크 상자 속에 넣어서 친구들에게 선물을 했어요.	181
상자를 열어보니 케이크가 사라졌어요. 어디로 갔을까요?	212
아무래도 마법으로 만든 케이크는 어디론가 사라졌나 봐요.	244

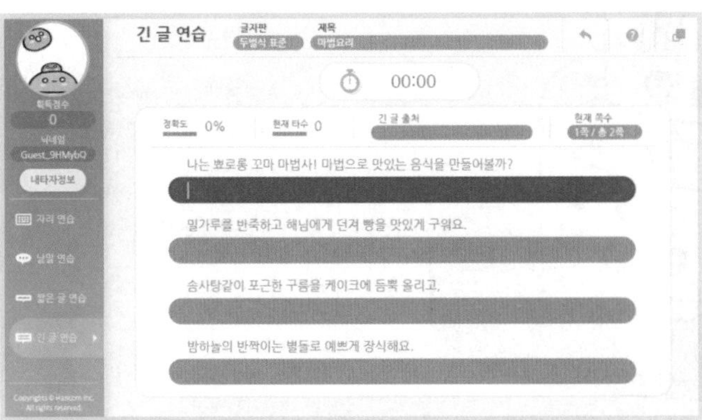

▲ 실습예제

해리포터와 같은 영화에서는 지팡이로 하늘을 휘저으면 맛있는 음식들이 나타나죠? 마법과 같이 음식을 만들 수 있다면 얼마나 편할까요? 미래 세계에서는 기계가 알아서 음식을 만들어 준다고 해요. 음식을 데워주는 전자레인지, 빵을 구워주는 전기오븐도 우리가 하기 힘든 조리를 대신해 주는 마법의 도구가 아닐까요?

2 이야기 그리기

- 케이크를 예쁘게 장식해 보아요.
- 여러 가지 색으로 채우고 도형으로 꾸며 완성해 보세요.

⊙ **연습파일 :** 케이크.gif

작업예제

완성예제

그림판에서 케이크 그림을 불러온 후 [색 채우기] 툴로 색을 채워요. [도형]을 이용하여 케이크 주위를 꾸며 완성해요.

따라해보세요

한글로 만들어요

• 다단을 이용하여 문서를 편집하는 방법을 알아보아요.

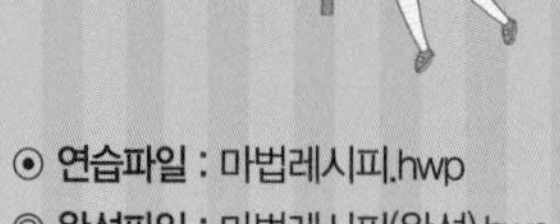

⊙ 연습파일 : 마법레시피.hwp
◎ 완성파일 : 마법레시피(완성).hwp

어디 한번 우리도 마법의 요리를 만들어 볼까요? 다단을 이용하여 마법 레시피를 만드는 방법을 알아보아요.

마녀스프

[요리재료]
- 양배추 1/4개
- 양파 2개, 피망 1/2개, 샐러리 1/2개
- 카레가루 1/2봉지
- 토마토소스 1/2봉지

[요리방법]
1. 채소를 알맞게 썰어요.
2. 냄비에 채소가 잠길정도로 물을 넣어요.
3. 센불로 끓이다 나머지 재료를 넣어요.
4. 채소가 흐물거리면 불을 꺼요.

호박주스

[요리재료]
- 호박 100그램
- 우유 200cc
- 꿀 2스푼
- 계피가루 조금

[요리방법]
1. 호박을 삶아서 냉장고에 식혀요.
2. 호박을 잘라서 우유, 꿀과 함께 믹서해요.
3. 계피가루를 뿌려서 완성해요.

▲ 완성파일

① 파일을 불러온 후 다단을 나누기 위해 [쪽] 탭의 [다단 설정]을 클릭해요.

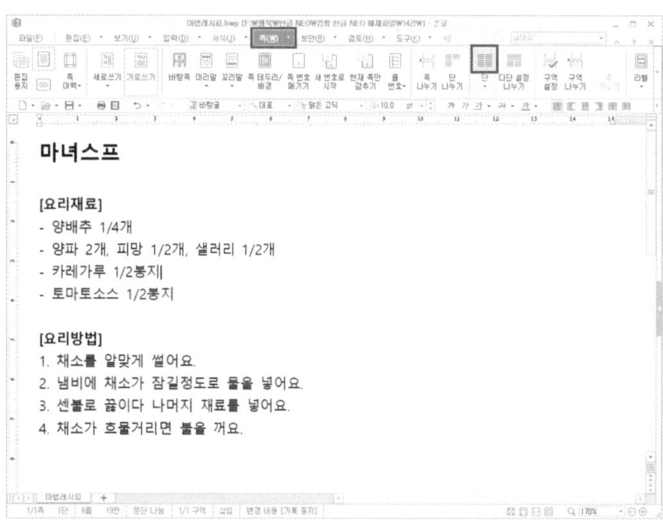

② [단 설정] 대화상자가 표시되면 [자주 쓰이는 모양]에서 '둘'을 선택하고 [설정] 단추를 클릭해요.

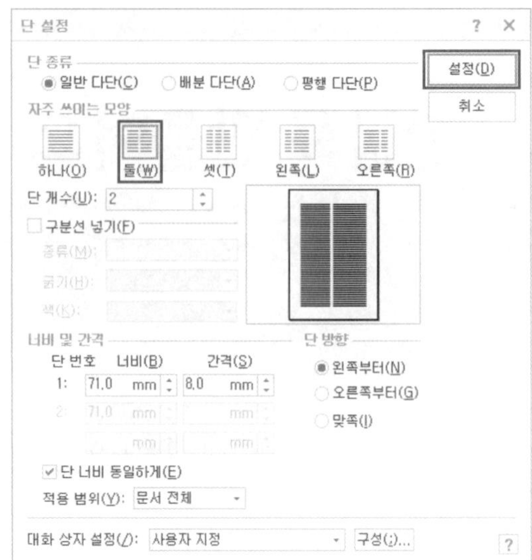

③ 오른쪽 단으로 보낼 글자 앞에 커서를 이동하고 [쪽] 탭의 [단 나누기]를 클릭해요.

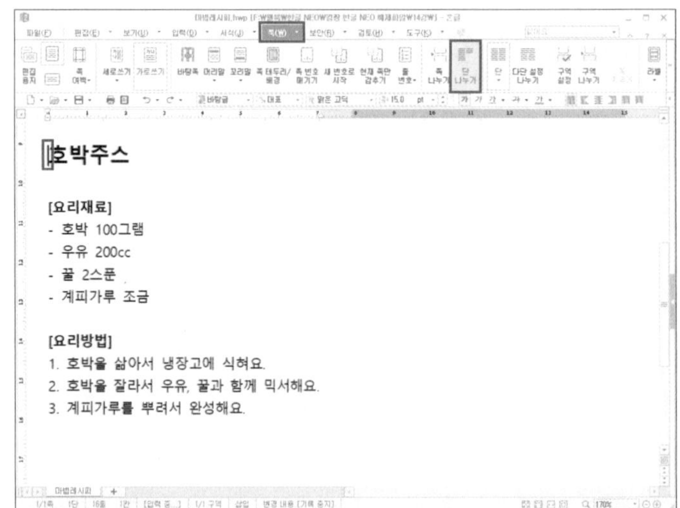

④ 선택한 부분이 오른쪽 단으로 이동한 것을 확인할 수 있어요.

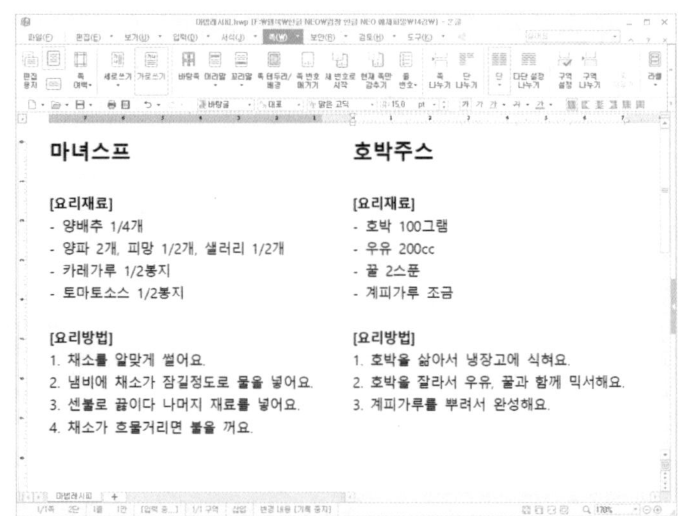

혼자서 해보기

1 그림과 같이 다단 기능을 이용하여 만들어 보세요.

⊙ **연습파일 :** 배운요리.hwp
◎ **완성파일 :** 배운요리(완성).hwp

지금까지 배운 요리

- 미니 샌드위치
- 야채 비빔밥
- 과일 화채
- 팥빙수
- 햄버거
- 쵸코 쿠키

다음에 배울 요리

- 김치 볶음밥
- 햄버거 스테이크
- 미니 피자
- 떡볶이
- 감자튀김

2 그림과 같이 다단 기능을 이용하여 만들어 보세요.

⊙ **연습파일 :** 요리재료.hwp
◎ **완성파일 :** 요리재료(완성).hwp

호박이 들어가는 요리

- 꽃게탕
- 고기만두
- 고추장 수제비
- 호박전
- 전복해물짬뽕
- 우럭매운탕
- 야채볶음밥
- 갈치찌개

감자가 들어가는 요리

- 감자조림
- 감자전
- 닭감자조림
- 감자볶음
- 감자탕
- 고추장수제비
- 감자떡

무가 들어가는 요리

- 동태찌개
- 매운탕
- 갈치조림
- 오징어국
- 바지락국
- 돌솥비빔밥

15 섞었더니 더 맛있어졌어요!

학습 목표
- 재료를 섞으면 더 맛있어지는 음식에 대해 알아보아요.
- 친구들이 알고 있는 나만의 요리에 대해 이야기를 나누어 보아요.

월	일	타수

섞으면 더 맛있게 만들 수 있어요!

에피소드 1 타자연습

- 섞으면 더 맛있어지는 음식에는 무엇이 있을까요?
- 한컴타자연습에서 이야기를 타자로 연습해요.

⊙ **연습파일 :** 섞어섞어.txt

	타수
하얀 우유에 노란 바나나를 넣어서 바나나 우유를 만들어요.	32
작은 멸치에 호박씨를 넣고 볶으니 고소한 멸치볶음이 되었어요.	67
생선에 카레 가루를 뿌리고 구웠더니 맛있는 생선구이가 되었어요.	103
내가 좋아하는 라면에 치즈를 넣었더니 더 고소해졌어요.	134
냉장고의 수박, 사과, 복숭아를 함께 넣고 과일빙수를 만들어요.	170
오징어, 조갯살을 듬뿍 넣어 아빠가 좋아하는 부침개를 만들어요.	206
엄마는 남은 반찬을 이것저것 넣어 맛있는 비빔밥을 만들었어요.	241
그냥 먹어도 맛있는데 섞으니 더 맛있어졌어요. 요리는 재미있어요.	278

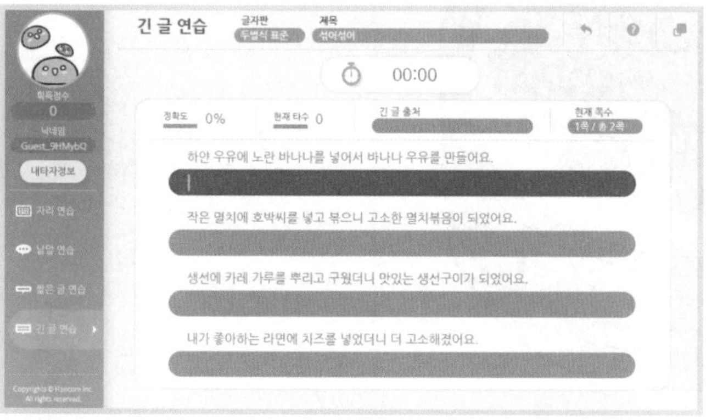

▲ 실습예제

궁금해요

재료들을 섞으면 더 맛있어지는 경우가 많아요. 어른들은 흔히 음식 궁합이 맞는다고 말을 해요. 다양한 재료들을 섞으면 더 맛있어지거나 영양이 풍부해져요. 대표적인 한식인 비빔밥은 여러 재료를 넣어 섞어 먹는데 다양한 맛을 느낄 뿐 아니라 좋은 영양도 함께 얻을 수 있는 훌륭한 음식이에요.

2 이야기 그리기

- 맛있는 비빔밥에는 어떤 재료들이 들어 있을까요?
- 예쁜 색으로 친구들이 좋아하는 재료의 색을 채워 완성해 보세요.

⊙ **연습파일 :** 비빔밥.gif

작업예제

완성예제

그림판에서 비빔밥 그림을 불러온 후 [색 채우기] 툴로 색을 채워요. 좋아하는 재료들의 색을 채워 완성해요.

따라해보세요

한글로 만들어요

- 글맵시를 이용하여 문서를 꾸미는 방법을 알아보아요.

⊙ **연습파일 :** 비빔밥.hwp
◎ **완성파일 :** 비빔밥(완성).hwp

모두 넣어 맛있게 비벼 먹는 비빔밥은 외국에서도 유명한 한식이에요. 글맵시를 이용하여 문서를 꾸미는 방법을 알아보아요.

비빔밥의 유래

비빔밥의 원래 이름은 골동반, 화반이라고 했어요. 골동반은 어지럽게 이리 저리 섞는다는 의미가 있고, 화반은 꽃밥이라는 의미가 있어요. 그만큼 다양한 재료가 들어가서 예쁘게 보인다는 말이겠죠? 세계에서 가장 많이 알려진 한식 중 하나가 바로 비빔밥이에요. 비빔밥은 지방마다 넣는 재료가 조금씩 다른데 대부분 잘 지은 밥에 온갖 채소와 고기, 고추장을 섞어 만듭니다. 채소가 많이 들어간 비빔밥은 훌륭한 건강식이기도 합니다.

세계속의 한식, 비빔밥

▲ 완성파일

① 파일을 불러온 후 글맵시를 삽입하기 위해 [입력] 탭에서 [글맵시(가나다)]를 클릭해요.

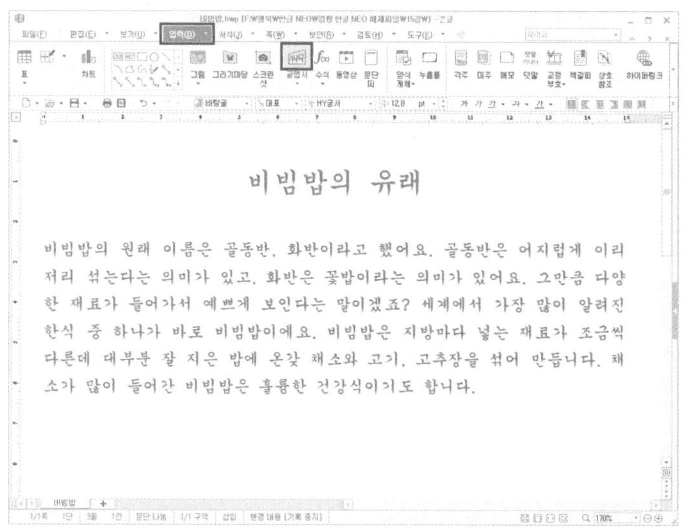

② [글맵시 만들기] 대화상자가 표시되면 [내용]에 '세계 속의 한식, 비빔밥'을 입력해요. 나머지는 그림과 같이 설정해요.

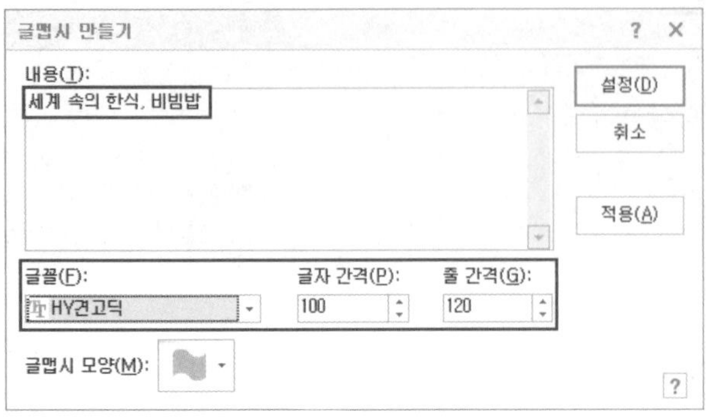

③ [글맵시 모양] 옆의 아이콘을 클릭하고 사용하려는 글맵시 모양을 선택하고 [설정] 단추를 클릭해요.

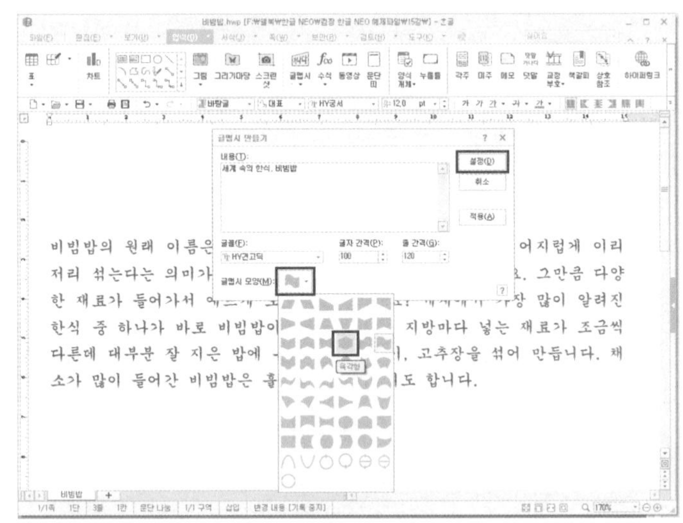

④ 문서에 글맵시가 삽입되면 크기를 조절하고 원하는 위치로 이동해요. [글맵시] 탭의 [채우기]에서 원하는 색으로 변경하여 완성해요.

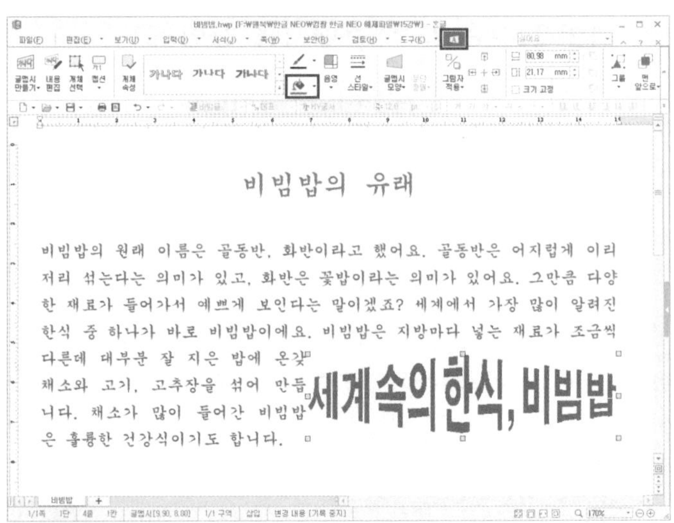

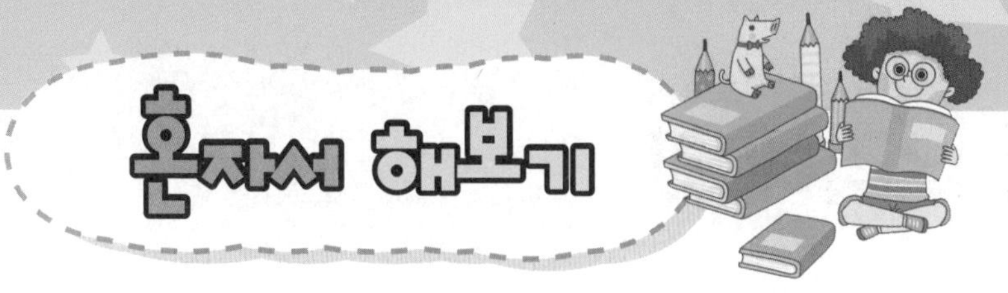

1 그림과 같이 글맵시를 이용하여 만들어 보세요.

⊙ **연습파일 :** 요리대회.hwp
◎ **완성파일 :** 요리대회(완성).hwp

대한민국 요리왕대회

한식의 새로운 문을 열 대한민국 요리왕대회에 많은 신청바랍니다.

- 일시 : 9월 30일 오전 9시부터
- 장소 : 한식문화연구원 강당
- 주최 : 문화관광부, 한식문화연구원

2 그림과 같이 글맵시를 이용하여 만들어 보세요.

⊙ **연습파일 :** 새로 만들기.hwp
◎ **완성파일 :** 이름표(완성).hwp

16 안전하게 요리해요!

학습 목표
- 요리를 할 때에는 항상 조심해야 해요.
- 안전하게 요리하기 위해 지켜야 할 것들을 알아보아요.

월	일	타수

1 타자연습

- 요리를 할 때는 다치지 않게 조심해야 해요. 주방에서 어떻게 조심해야 하는지 이야기를 나누어 보세요.
- 한컴타자연습에서 이야기를 타자로 연습해요.

⊙ **연습파일 :** 안전한요리.txt

	타수
불을 사용하는 요리를 할 때에는 조심해야 해요.	26
물기 많은 재료는 뜨거운 기름이 튀지 않도록 조심해요.	57
국물이 넘치지 않게 재료를 냄비 가득 넣으면 안 돼요.	88
음식이 타지 않게 요리할 때는 다른 일을 하면 안 돼요.	120
뜨거운 요리 도구들을 만질 때에는 요리 장갑을 손에 끼워요.	154
튀김을 만들 때에는 기다란 나무젓가락을 이용해요.	182
집안에 연기가 가득 차지 않도록 창문을 열어야 해요.	212
맛있는 요리를 할 때에는 항상 조심해야 해요.	238

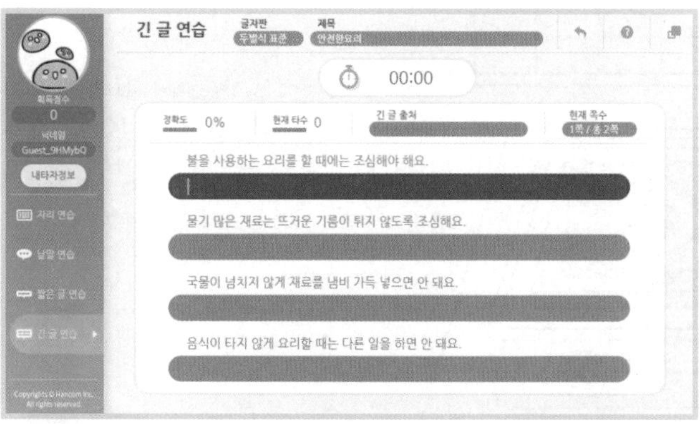

▲ 실습예제

요리를 할 때 불을 가장 많이 사용하게 돼요. 뜨거운 불은 음식물을 익히거나 데워주는 중요한 역할을 하지만 항상 다치지 않게 조심해야 해요. 물이나 재료를 끓일 때는 냄비가 넘치지 않도록 적당히 넣어야 해요. 기름을 사용하는 프라이팬에는 물기가 들어가면 기름이 튈 수 있으니 조심해야 해요. 요리를 만들 때는 다치지 않도록 항상 조심해야 해요.

2 이야기 그리기

- 가스레인지에 올려놓은 냄비가 부글부글 끓고 있어요.
- 가스 불과 거품을 없애고 색을 칠해 안전하게 만들어 보세요.

⊙ **연습파일 :** 가스레인지.gif

작업예제

완성예제

그림판에서 가스레인지 그림을 불러온 후 [지우개] 툴로 불과 거품 부분을 지워 보세요. [색 채우기] 툴로 예쁜 색을 골라 채워 완성해요.

따라해보세요

한글로 만들어요

• 맞춤법을 이용하여 문서 내의 틀린 글자를 고치는 방법을 알아보아요.

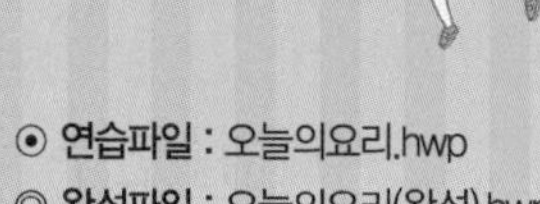

오늘은 어떤 맛있는 요리를 해 볼까요? 맞춤법 검사를 이용하여 틀린 글자를 바로잡아 보아요.

> 오늘은 어떤 요리를 만들어 볼까?
> 친구들이 좋아하는 짜장면을 만들어 볼까?
> 아니면 엄마 아빠가 좋아하는 짬뽕을 만들어 볼까?
> 냉장고에 잇는 재료를 모두 넣고 비빔밥을 만들까?
> 어떤 음식을 만들어도 최선을 다해 열심히 만들면
> 맛있는 음식을 만들 수 있겠죠?

▲ 완성파일

① 파일을 불러온 후 커서를 문서의 첫 부분으로 이동하고 맞춤법 검사를 실행하기 위해 [도구] 탭에서 [맞춤법 검사(가나다)]을 클릭해요.

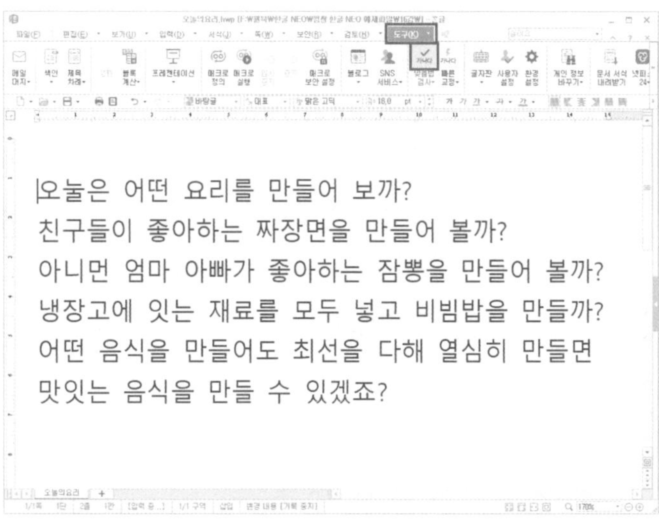

② [맞춤법 검사/교정] 대화상자가 표시되면 [시작] 단추를 클릭해요. 맞춤법에 맞지 않는 단어를 발견하면 그림과 같이 표시해요. 고치려면 [바꾸기] 단추를, 넘어가려면 [계속 지나감] 단추를 클릭해요.

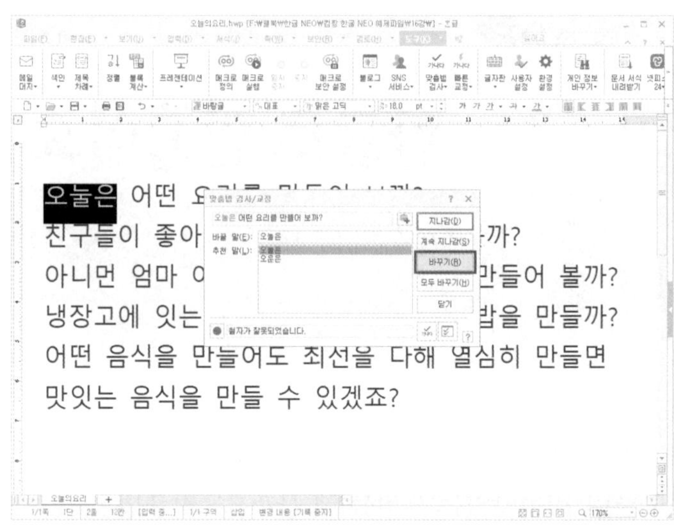

③ 바꿀 단어가 올바르게 표시되지 않으면 [바꿀 말]에 고칠 단어를 직접 입력하고 [바꾸기] 단추를 클릭해요. 모든 틀린 부분을 고치면 그림과 같은 메시지가 표시돼요.

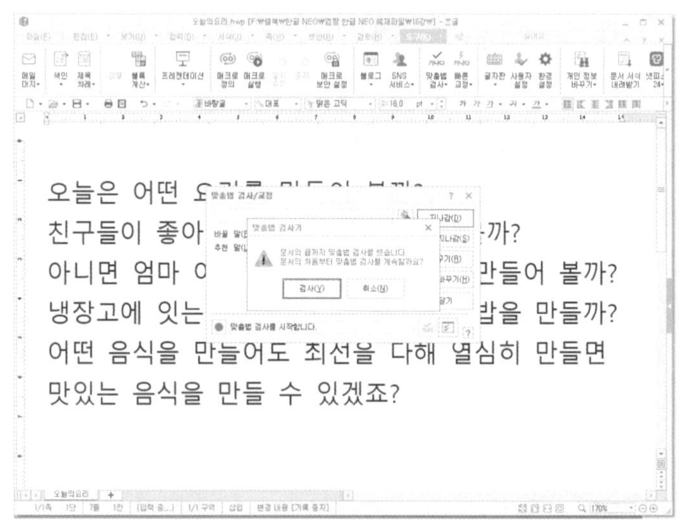

④ 글자를 입력할 때 틀린 글자를 바로 고쳐주는 기능을 사용하려면 [도구] 탭에서 [환경 설정]을 클릭해요. [환경 설정] 대화상자의 [편집] 탭에서 [맞춤법 도우미 작동]을 선택하고 [설정] 단추를 클릭해요.

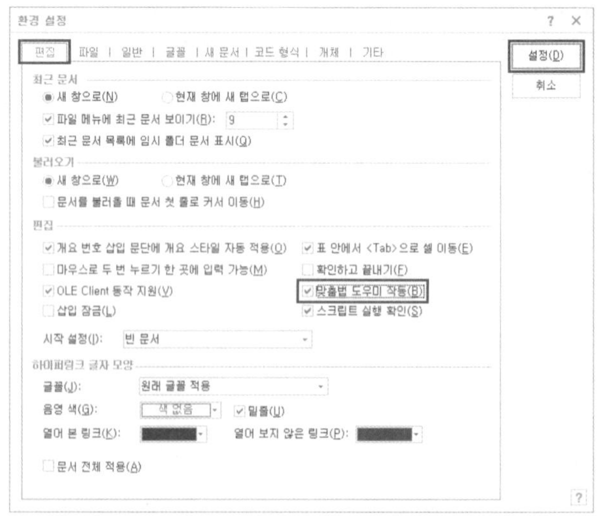

1 문서 내에 틀린 글자를 맞춤법 검사를 이용하여 고쳐 보세요.

⊙ **연습파일** : 안전요리.hwp
◎ **완성파일** : 안전요리(완성).hwp

조심조심 요리해요!

음식을 만들 때는 뜨거운 불을 조심해야 해요.
뜨거운 냄비를 만질 때는 요리장갑을 껴야 해요.
칼로 재료를 자를 때는 베이지 않게 조심해야 해요.
뜨거운 김이 나는 요리를 할 때는 창문을 열어야 헤요.
가스레인지를 사용하고 나면 꼭 밸브를 잠가야 해요.
어려운 요리를 해야 할 때는 엄마와 같이 해요.

2 문서 내에 틀린 글자를 맞춤법 검사를 이용하여 고쳐 보세요.

⊙ **연습파일** : 주의사항.hwp
◎ **완성파일** : 주의사항(완성).hwp

요리할 때 주의해야 할 것들

1. CLEAN!
요리를 해야 할 환경과 도구를 위생적으로 처리해야 해요.

2. SEPARATE!
야채를 다루는 도구와 고기/생선을 다루는 도구를 구분해서 사용해야 해요.

3. COOK!
설익히지 말고 충분히 익히거나 구워서 완전하게 조리해야 해요.

4. CHILL!
음식을 보관할 때는 냉장고 속과 같이 차가운 곳에 보관해야 해요.

17 모두 모아 볶음밥을 만들어요.

학습 목표

- 볶음밥을 만드는 요리 순서에 대해 알아보아요.
- 친구들이 좋아하는 볶음밥 재료는 무엇이 있는지 이야기를 나누어 보아요.

월	일	타수

이리 저리
볶아서 맛있게
만들어요!

타자연습

- 신선한 채소들을 볶아서 만드는 볶음밥은 친구들도 쉽게 만들 수 있는 요리예요.
- 한컴타자연습에서 이야기를 타자로 연습해요.

⊙ **연습파일 :** 볶아볶아.txt

	타수
냉장고 속에 남아있는 재료들로 맛있는 볶음밥을 만들어요.	31
조금씩 남아있는 채소들을 꺼내서 잘게 썰어요.	57
프라이팬에 기름을 두르고 채소들을 볶아요.	81
맛있는 냄새가 나기 시작하면 밥을 넣고 함께 볶아요.	111
달걀도 한 개 깨어 넣으면 더 맛있게 볶아져요.	138
넓적한 그릇에 볶음밥을 담고 참깨를 솔솔 뿌려 완성해요.	170
엄마도 한 입 먹어보시더니 너무 맛있다고 하세요.	198
조금 남은 재료들도 버리지 않고 맛있는 요리를 만들 수 있어요.	234

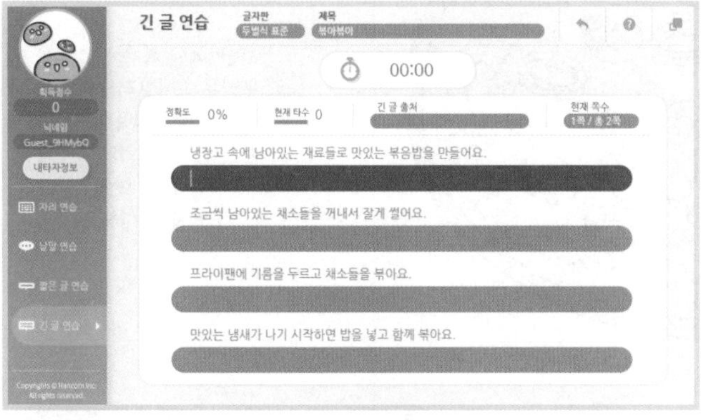

▲ 실습예제

궁금해요

여러 가지 재료들을 한데 넣고 볶아 먹는 볶음밥은 간단하게 만들 수 있는 요리 중 하나예요. 프라이팬에 기름을 두르고 여러 재료와 밥을 한 곳에 볶으면 돼요. 요리 후 냉장고에 남아 있는 자투리 채소들은 볶음밥을 만들어 먹으면 간단히 처리할 수 있어요.

에피소드

2 이야기 그리기

- 맛있는 볶음밥과 과일, 채소를 그릇에 함께 놓아 보아요.
- 비어 있는 부분에 좋아하는 과일이나 채소를 그려서 완성해 보세요.

⊙ 연습파일 : 볶음밥.gif

작업예제

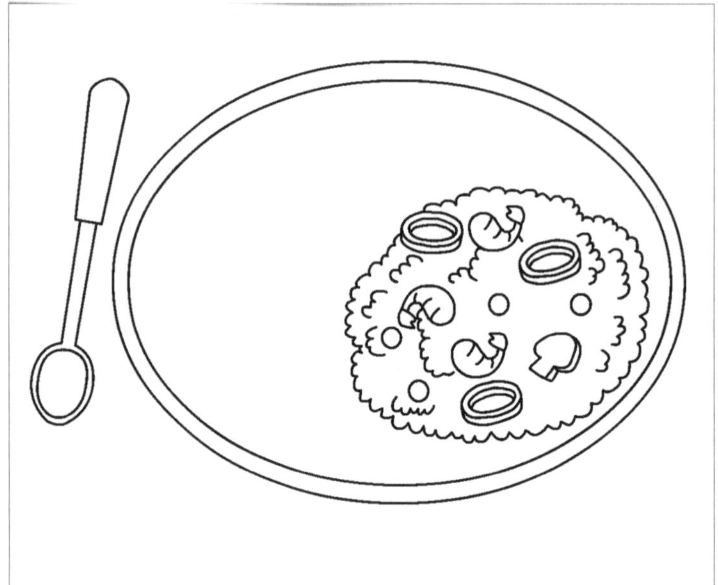

완성예제

그림판에서 볶음밥 그림을 불러온 후 [브러시] 툴로 동그란 토마토, 길쭉한 단무지도 그려 보세요. [색 채우기] 툴로 색을 채워 맛있는 요리를 완성해요.

따라해보세요

한글로 만들어요

- 사전을 이용하여 단어를 찾는 방법을 알아보아요.
- 사전에서 찾은 내용을 복사하는 방법을 알아보아요.

⊙ 연습파일 : 요리재료.hwp
◎ 완성파일 : 요리재료(완성).hwp

외국에 사는 친구들에게 요리 재료를 설명하려면 어떻게 해야 할까요? 사전을 이용하여 영어 단어를 찾아보고 문서에 삽입하는 방법을 알아보아요.

볶음밥에 들어가는 재료

감자 / potato
양파 / onion
마늘 / garlic
계란 / egg

▲ 완성파일

① 파일을 불러온 후 커서를 문서의 첫 부분으로 이동하고 사전을 실행하기 위해 [검토] 탭의 [사전 모음]-[한컴 사전]을 클릭해요.

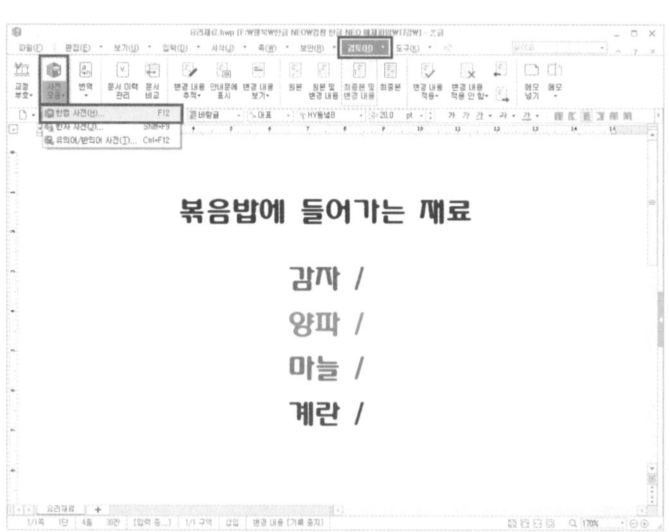

② [한컴 사전]이 실행되면 검색란에 직접 단어를 입력하여 원하는 단어의 뜻을 찾을 수 있어요.

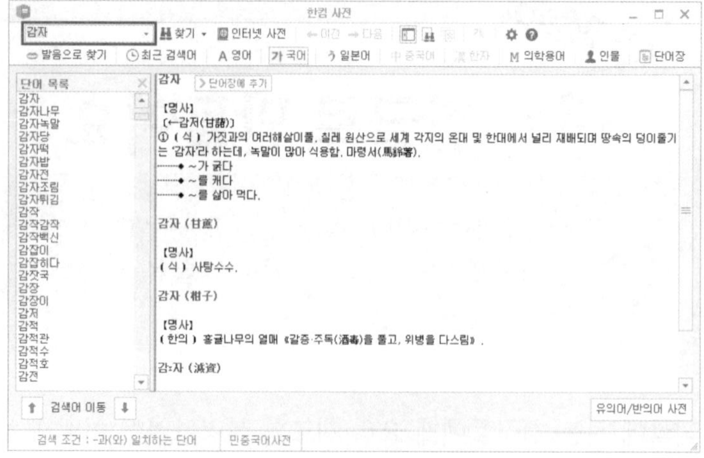

③ [한컴 사전]에서 [영어]를 클릭하면 재료에 해당하는 영어 단어가 표시돼요. 해당 단어를 블록 설정하고 마우스 오른쪽 단추를 클릭한 후 [복사하기]를 클릭해요.

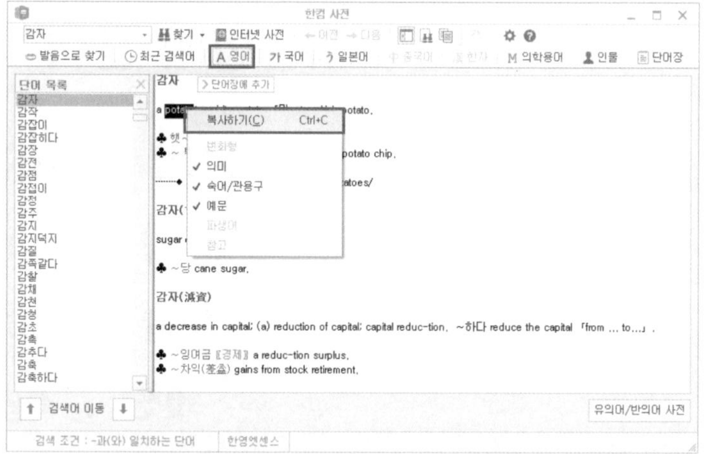

④ 같은 방법으로 모든 재료의 오른쪽 비어 있는 부분에 붙여넣어 완성해요.

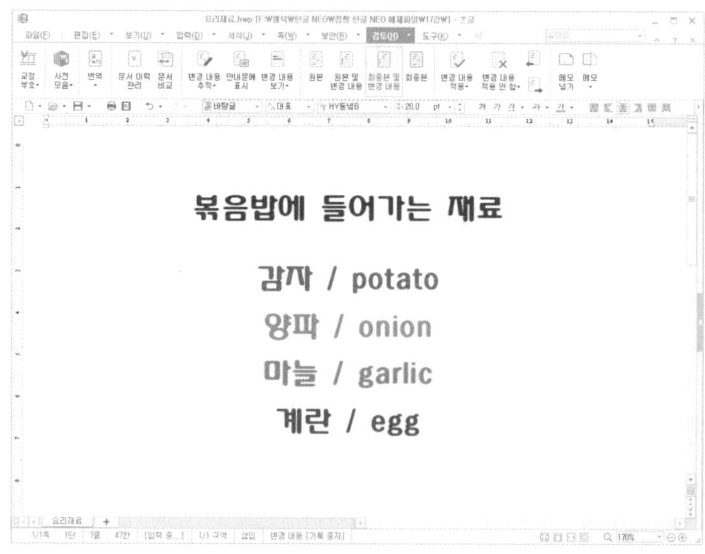

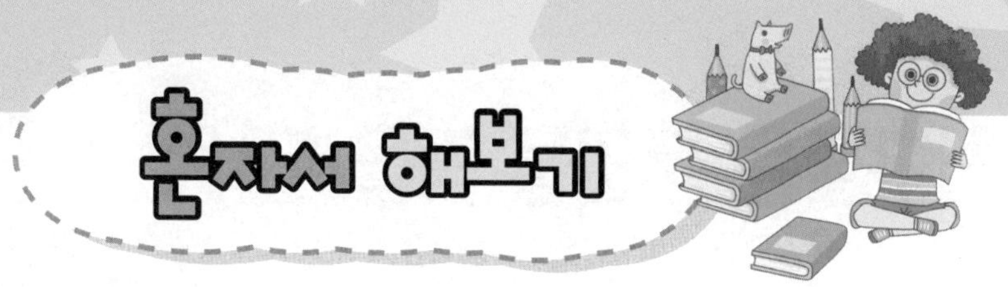

① 문서의 빈칸을 사전에서 내용을 찾아 그림과 같이 완성해 보세요.

⊙ **연습파일 :** 재료의유래.hwp
◎ **완성파일 :** 재료의유래(완성).hwp

◆ *자주 사용하는 요리 재료의 유래* ◆

■ **양파**
백합과의 여러해살이풀. 잎은 속이 빈 원기둥형. 가을에 꽃대를 내어 끝에 많은 백색 또는 담자색의 작은 꽃을 닮. 지하의 비늘줄기는 구형 또는 편구형(扁球形)인데 널리 식용함. 페르시아가 원산지.

■ **고구마**
메꽃과의 여러해살이풀. 중앙 아메리카 원산으로 난대(暖帶)에서 재배함. 줄기는 길게 뻗으며, 덩이뿌리는 녹말이 많아 식용·공업용으로 씀. 감저(甘藷).

■ **당근**
미나리과의 한해 또는 두해살이풀. 꽃줄기 높이 1-1.5m로 거친 털이 있음. 꽃은 여름에 핌. 뿌리는 긴 원추형으로 적황색이며 맛이 달콤하고 향기가 있음. 홍당무.

■ **고추**
가짓과의 한해살이풀. 줄기 높이 60-90cm, 잎은 긴 달걀꼴에 끝이 뾰족하며 긴 타원형 열매는 녹색인데 익어 가면서 빨갛게 됨. 매운맛이 있어 양념으로 많이 씀. 당초(唐椒).

② 문서의 빈칸을 사전에서 영어 단어를 찾아 그림과 같이 완성해 보세요.

⊙ **연습파일 :** 샐러드.hwp
◎ **완성파일 :** 샐러드(완성).hwp

그린샐러드에 사용할 과일

- 파인애플 (pineapple)
- 사과 (apple)
- 오렌지 (orange)
- 키위 (kiwi)
- 토마토 (tomato)
- 바나나 (banana)

18 다른 나라 친구들은 무엇을 먹을까?

학습 목표
- 다른 나라에서는 어떤 음식을 주로 먹는지 알아보아요.
- 외국 친구들에게 알려주고 싶은 한식에 대해 이야기를 나누어 보아요.

월	일	타수

에피소드

1 타자연습

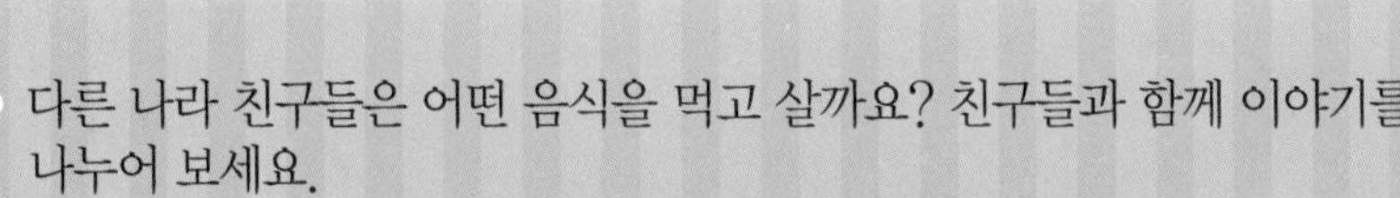

- 다른 나라 친구들은 어떤 음식을 먹고 살까요? 친구들과 함께 이야기를 나누어 보세요.
- 한컴타자연습에서 이야기를 타자로 연습해요.

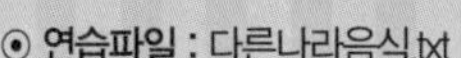

⊙ **연습파일** : 다른나라음식.txt

	타수
중국에 사는 친구들은 속에 맛있는 재료가 가득한 딤섬을 좋아해요.	36
이탈리아에 사는 친구들은 뜨거운 화덕에 구운 피자를 좋아해요.	71
영국에 사는 친구들은 생선과 감자를 튀긴 피쉬앤칩스를 좋아해요.	107
독일에 사는 친구들은 고기가 듬뿍 들어간 소시지를 좋아해요.	141
터키에 사는 친구들은 얇게 썰은 구운 고기를 빵에 넣은 케밥을 좋아해요.	182
인도에 사는 친구들은 향기로운 카레를 좋아해요.	209
다른 나라의 음식들도 맛있지만 나는 우리나라 음식이 좋아요.	243
외국에 있는 친구들에게 한식의 맛을 알려주고 싶어요.	273

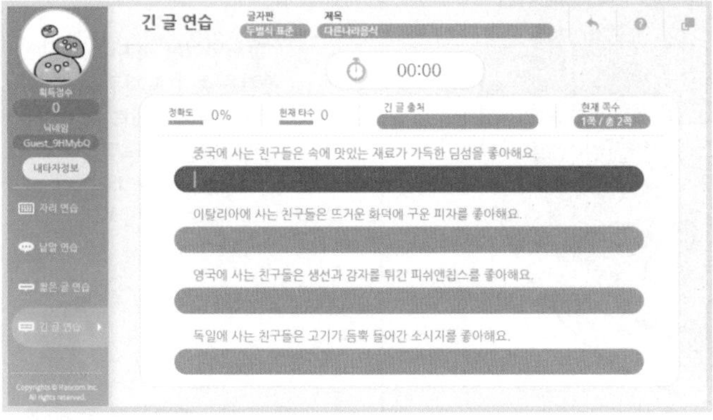

▲ 실습예제

궁금해요

우리나라는 주식으로 밥을 먹지만, 세계 여러 나라에서는 주식으로 먹는 음식이 많이 다르다고 해요. 아시아권 국가에서는 밥을 주식으로 하지만, 서양에서는 빵이나 고기를 주식으로 해요. 최근에는 한식이 건강에 좋은 음식으로 알려져 다른 나라에서도 한식이 인기 많은 음식 중 하나래요.

2 이야기 그리기

- 이탈리아는 친구들이 좋아하는 피자로 유명해요.
- 맛있는 재료를 듬뿍 넣은 피자에 색을 채우고 나누어 먹을 수 있도록 잘라 보세요.

⊙ 연습파일 : 피자.gif

작업예제

완성예제

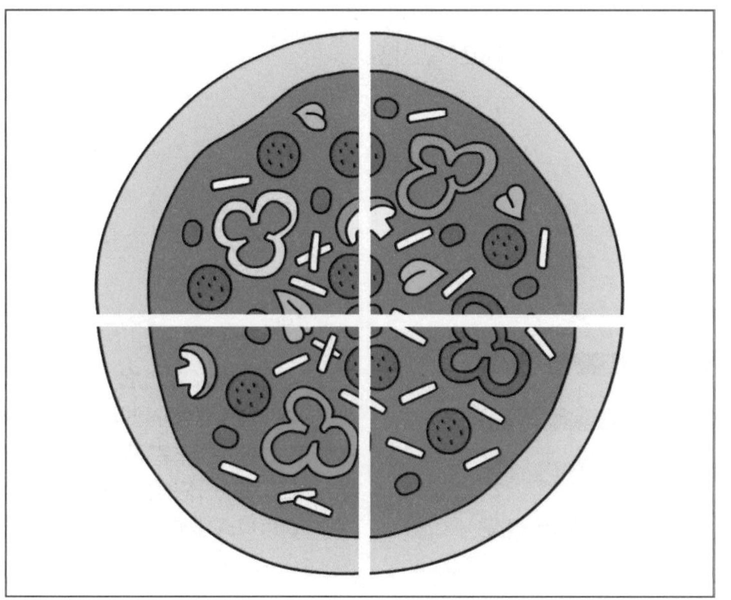

그림판에서 피자 그림을 불러온 후 [색 채우기] 툴로 색을 채워 맛있는 피자를 만들어요. [자르기] 툴로 피자를 4개의 조각으로 나누어 완성해요.

따라해보세요

한글로 만들어요

- 문서에 표를 삽입하는 방법을 알아보아요.
- 표와 셀의 크기를 조절하는 방법을 알아보아요.

⊙ 연습파일 : 세계음식.hwp
◎ 완성파일 : 세계음식(완성).hwp

다른 나라에 사는 친구들은 어떤 음식을 좋아할까요? 표를 이용하여 내용을 정리하고 문서에 삽입하는 방법을 알아보아요.

세계의 음식

국가	음식이름	주요 재료
중국	딤섬	돼지고기, 야채, 밀가루
이탈리아	피자	밀가루, 야채, 소세지
영국	피쉬앤칩스	생선, 감자
독일	소세지	돼지고기
터키	케밥	닭고기, 돼지고기, 밀가루
인도	카레	야채, 향신료

▲ 완성파일

① 파일을 불러온 후 표를 삽입하기 위해 [입력] 탭에서 [표(▦)]를 클릭해요. [표 만들기] 대화상자가 표시되면 [줄 수]에 '7', [칸 수]에 '3'을 입력하고 [만들기] 단추를 클릭해요.

② 문서에 표가 삽입되면 선을 마우스로 드래그하여 그림과 같이 원하는 크기가 되도록 조절해요.

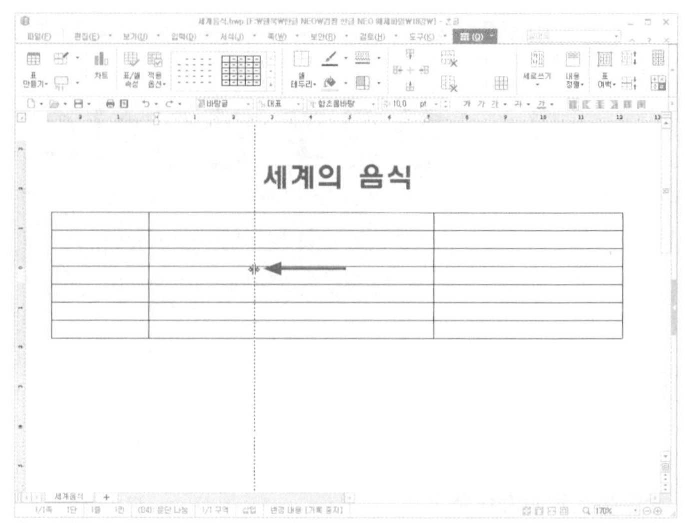

③ 표 안에 글자를 입력해요. 다른 셀로 이동할 때는 마우스로 클릭하거나 [Tab]을 눌러 이동해요.

세계의 음식

국가	음식이름	주요 재료
중국	딤섬	돼지고기, 야채, 밀가루
이탈리아	피자	밀가루, 야채, 소세지
영국	피쉬앤칩스	생선, 감자
독일	소세지	돼지고기
터키	케밥	닭고기, 돼지고기, 밀가루
인도	카레	야채, 향신료

④ 표 안을 드래그하여 모두 선택하고 [서식] 도구상자에서 조건과 같이 글꼴 서식을 변경하여 완성해요.

세계의 음식

국가	**음식이름**	**주요 재료**
중국	딤섬	돼지고기, 야채, 밀가루
이탈리아	피자	밀가루, 야채, 소세지
영국	피쉬앤칩스	생선, 감자
독일	소세지	돼지고기
터키	케밥	닭고기, 돼지고기, 밀가루
인도	카레	야채, 향신료

조건

- 제목 : 맑은 고딕, 10pt, 굵게, 가운데 정렬
- 내용 : 맑은 고딕, 10pt, 가운데 정렬

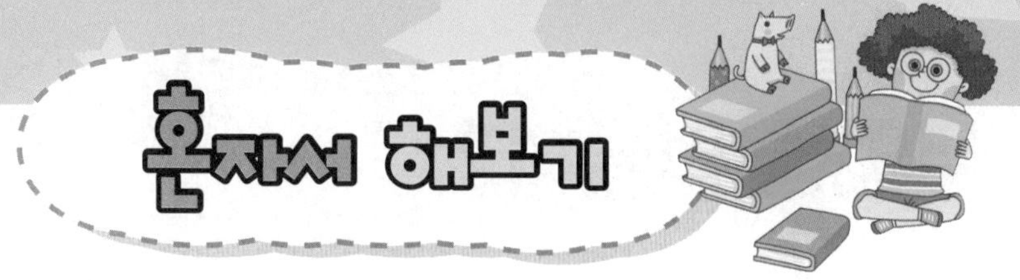

1 그림과 같이 문서에 표를 삽입하여 완성해 보세요.

⊙ **연습파일** : 요리대회.hwp
◎ **완성파일** : 요리대회(완성).hwp

2학년 2반 요리대회 순서

순서	대회일자	요리 제목
1조	10월 4일	울퉁불퉁 신선야채 샐러드
2조	10월 4일	껍질까지 맛있는 고구마강정
3조	10월 4일	여름에는 더 맛있는 과일 화채
4조	10월 5일	매콤짱! 달콤짱! 고추장 떡볶이
5조	10월 5일	넣어 넣어! 퓨전 샌드위치
6조	10월 5일	맛도 최고! 3색 떡볶이

조건
- 제목 : 맑은 고딕, 10pt, 굵게, 가운데 정렬
- 내용 : 맑은 고딕, 10pt, 가운데 정렬

2 그림과 같이 문서에 표를 삽입하여 완성해 보세요.

⊙ **연습파일** : 시간표.hwp
◎ **완성파일** : 시간표(완성).hwp

우리초등학교 요리실습시간표

	월	화	수	목	금
1교시	1반	3반	4반		6반
2교시	1반	3반	4반		6반
3교시	2반			5반	
4교시	2반			5반	
5교시		7반	8반		
6교시		7반	8반		

조건
- 제목 : 맑은 고딕, 10pt, 굵게, 가운데 정렬
- 내용 : 맑은 고딕, 10pt, 가운데 정렬

19 동물들은 무엇을 먹을까?

학습 목표
- 야생 동물들은 어떤 음식을 먹는지 알아보아요.
- 동물원에 사는 동물들에게 어떤 음식을 주어야 하는지 알아보아요.

월	일	타수

에피소드 1

타자연습

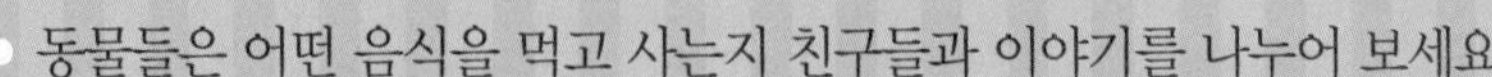

- 동물들은 어떤 음식을 먹고 사는지 친구들과 이야기를 나누어 보세요.
- 한컴타자연습에서 이야기를 타자로 연습해요.

⊙ **연습파일 :** 동물들의음식.txt

	타수
동물원의 동물들은 무엇을 먹고 살까요?	21
귀여운 다람쥐는 작은 도토리를 좋아한대요.	45
기운 센 사자와 호랑이는 닭고기를 좋아한대요.	71
수염이 멋진 염소와 사슴은 부드러운 풀을 좋아한대요.	101
물속을 좋아하는 하마는 채소와 과일을 좋아한대요.	129
뒤뚱뒤뚱 걷는 펭귄은 정어리 같은 작은 물고기를 좋아한대요.	163
덩치 큰 고래는 새우와 조그만 물고기를 좋아한대요.	192
어? 그럼 뚱뚱한 코끼리는 무엇을 줘야 좋아할까?	220

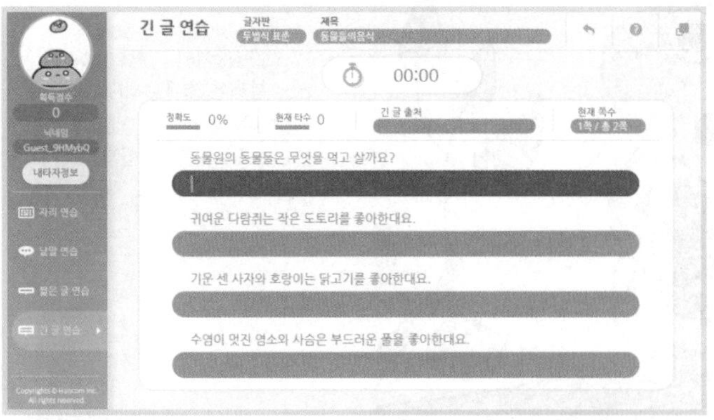

▲ 실습예제

궁금해요

동물들도 밥을 먹어야 살 수 있겠죠? 흔히 기르는 반려동물들은 사료를 먹는 경우가 많지만 야생 동물들은 자연에서 구할 수 있는 것을 먹는대요. 초식동물들은 신선한 풀이나 나뭇잎, 열매를 먹는 경우가 많고, 육식동물들은 작은 동물들이나 생선을 먹는대요. 친구들이 알고 있는 동물들이 어떤 먹이를 먹는지 알아보아요.

2 이야기 그리기

- 귀여운 다람쥐는 어떤 음식을 좋아할까요?
- 비어 있는 다람쥐 손에 도토리를 그려주고 색을 채워 완성해 보세요.

⊙ **연습파일 :** 다람쥐.gif

작업예제

완성예제

그림판에서 다람쥐 그림을 불러온 후 [브러시] 툴로 다람쥐 손의 비어 있는 부분에 도토리를 그려주세요. [색 채우기] 툴로 색을 채워 완성해요.

따라해보세요

3 한글로 만들어요

- 표와 셀의 배경색을 지정하는 방법을 알아보아요.
- 표와 셀의 테두리를 설정하는 방법을 알아보아요.

⊙ 연습파일 : 천연재료.hwp
◎ 완성파일 : 천연재료(완성).hwp

동물들은 자연에서 많은 음식을 찾을 수 있다고 해요. 자연에서 구할 수 있는 음식 재료에는 어떤 것이 있는지 표를 이용하여 내용을 정리하고 배경색과 테두리를 설정하는 방법을 알아보아요.

자연의 선물, 천연 재료

이 름	내 용
도토리	단단한 견과로 겉은 단단하고 속에는 1개의 열매 조각이 있어요. 예로부터 묵으로 만들어 먹어요.
밤	우리나라의 밤은 단맛이 강해 다양한 음식에 사용돼요. 날로 먹거나 삶아 먹으며, 조리거나 가루로 만들어 먹기도 해요.
메밀	메밀은 건조한 땅에서도 잘 자라며 60~100일이면 수확할 수 있어요. 메밀묵이나 냉면으로 만들어 먹어요.
더덕	햇볕이 많이 들어오지 않는 습도 높은 곳에서 많이 자라요. 굵은 뿌리를 무치거나 구워서 먹어요.

▲ 완성파일

① 파일을 불러온 후 마우스를 드래그하여 첫 번째 줄의 모든 셀을 블록 설정해요. 마우스 오른쪽 버튼을 눌러 바로 가기 메뉴에서 [셀 테두리/배경]–[각 셀마다 적용]을 클릭해요.

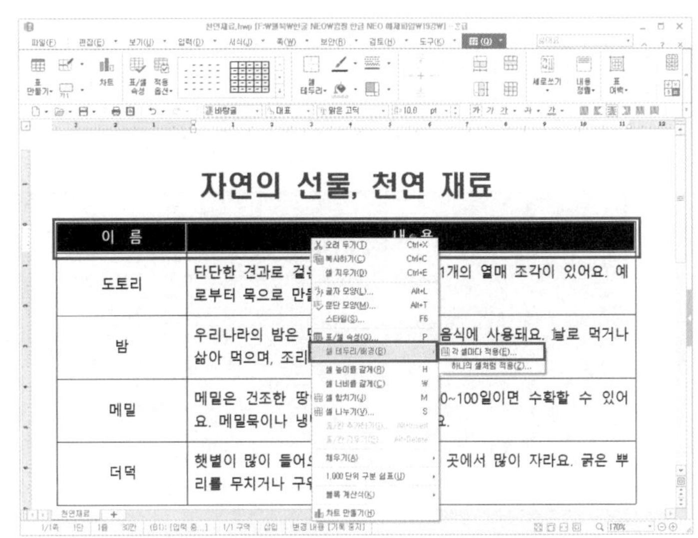

② [셀 테두리/배경] 대화상자의 [테두리] 탭에서 [굵기]를 '0.4mm'로 선택해요. 선택한 테두리 모양을 적용할 바깥쪽 아이콘을 클릭해요.

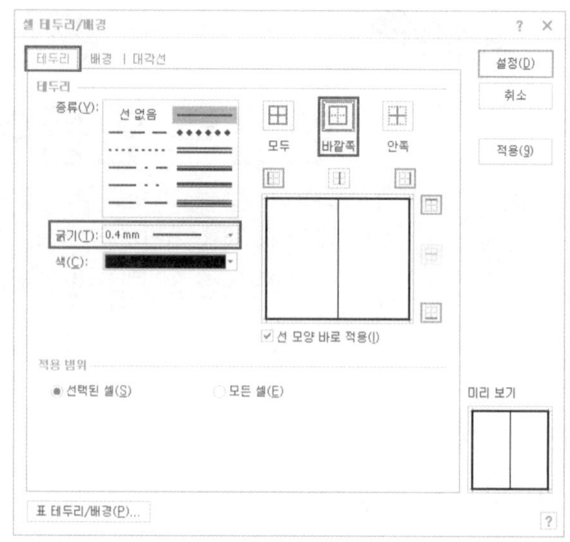

③ [배경] 탭을 선택하고 [색]을 클릭해요. [면 색]을 '노랑'으로 선택하고 [설정] 단추를 클릭해요.

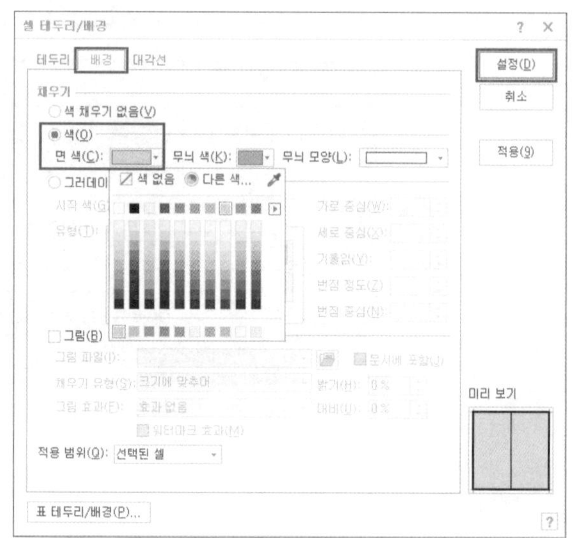

④ 같은 방법을 이용하여 그림과 같은 모양이 되도록 설정하여 완성해요.

자연의 선물, 천연 재료

이 름	내 용
도토리	단단한 견과로 겉은 단단하고 속에는 1개의 열매 조각이 있어요. 예로부터 묵으로 만들어 먹어요.
밤	우리나라의 밤은 단맛이 강해 다양한 음식에 사용돼요. 날로 먹거나 삶아 먹으며, 조리거나 가루로 만들어 먹기도 해요.
메밀	메밀은 건조한 땅에서도 잘 자라며 60~100일이면 수확할 수 있어요. 메밀묵이나 냉면으로 만들어 먹어요.
더덕	햇볕이 많이 들어오지 않는 습도 높은 곳에서 많이 자라요. 굵은 뿌리를 무치거나 구워서 먹어요.

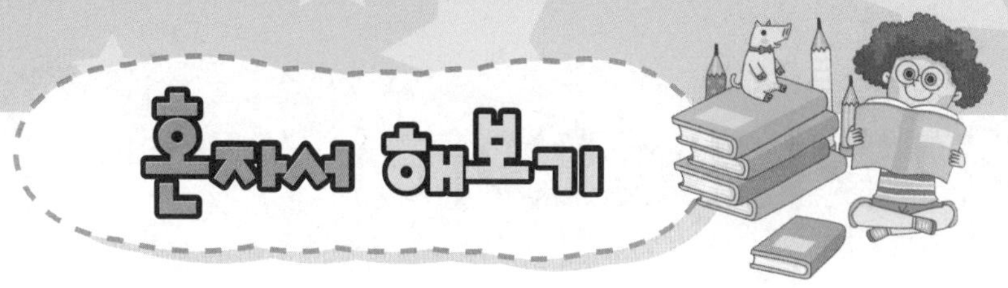

1 그림과 같이 문서에 표를 삽입하여 완성해 보세요.

⊙ **연습파일** : 먹이순서.hwp
◎ **완성파일** : 먹이순서(완성).hwp

국제동물원 먹이주는 순서

시간	해당 동물
07:00~07:20	사자, 호랑이, 퓨마, 늑대 등 맹수
07:20~07:40	사막여우, 코아티, 수달, 토끼 등 꼬마동물
07:40~08:00	침팬지, 망토 원숭이 등
08:00~08:20	라마, 코알라 등 초식동물
08:20~08:40	아나콘다, 악어 등 열대동물
08:40~09:00	조류

2 그림과 같이 문서에 표를 삽입하여 완성해 보세요.

⊙ **연습파일** : 조편성.hwp
◎ **완성파일** : 조편성(완성).hwp

요리실습 조편성

1조	2조	3조	4조	5조
김성훈	정현지	이보영	강하은	박승혜
장미현	김지은	박지우	전주희	임소라
박정후	주민후	김나혜	고명한	류해인
고은지	김영주	박유빈	김가현	장미소
여하늬	송진희	고다은	송수지	김은설
이상미	최미주	김아랑	유지나	김아람

20 엄마 아빠! 내가 만들었어요!

학습 목표
- 부모님께서 어떤 음식을 좋아하는지 알아보아요.
- 부모님께 만들어 드리고 싶은 음식에 대해 이야기를 나누어 보아요.

월	일	타수

에피소드 1

타자연습

- 엄마와 아빠는 어떤 음식을 좋아하실까요? 아마도 친구들이 만든 요리라면 모두 좋아하실 것 같아요.
- 한컴타자연습에서 이야기를 타자로 연습해요.

⊙ **연습파일 :** 엄마아빠요리.txt

	타수
엄마 아빠의 결혼기념일에 맛있는 음식을 만들어 드려요.	30
어떤 음식을 만들어 드리면 좋아하실까?	52
예쁜 그릇에 밥을 담고 녹색 완두콩으로 하트를 만들어요.	84
신선한 채소를 담고 맛있는 소스를 뿌려 샐러드를 만들어요.	117
아빠가 좋아하는 돈가스를 튀기고 수프도 담아요.	144
엄마가 좋아하는 과일도 골고루 담아 준비해요.	170
이제 엄마 아빠를 맛있는 밥상에 초대해 볼까요?	197
"사랑하는 엄마 아빠! 제가 만들었어요. 맛있게 드세요!"	230

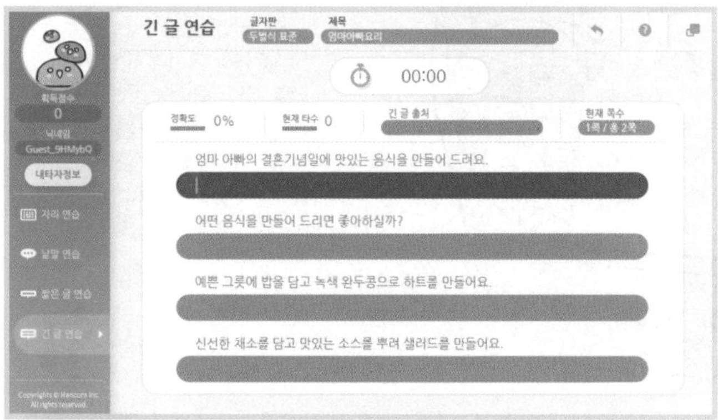

▲ 실습예제

궁금해요

가족들을 위해 음식을 만들어본 적이 있나요? 집에서 대부분 엄마가 음식을 만드시죠? 음식을 만드는 것이 쉬운 일은 아니지만 우리를 위해 맛있는 음식을 만들어 주시는 엄마에게 감사하다는 말을 전해 보세요. 맛있는 음식을 만들어 드리는 것도 좋지만, 만들어 주신 음식을 맛있게 먹는 것을 엄마는 더 좋아하실 거예요.

2 이야기 그리기

- 엄마 아빠에게 사랑의 도시락을 만들어 볼까요?
- 밥 위에 녹색 완두콩을 그려 예쁜 모양을 넣어 완성해 보아요.

⊙ 연습파일 : 도시락.gif

작업예제

완성예제

그림판에서 도시락 그림을 불러온 후 [브러시] 툴로 밥 위에 동글동글한 완두콩을 그려 친구들이 넣고 싶은 모양을 완성해요. [색 채우기] 툴로 색을 채워 도시락을 꾸며 완성해요.

따라해보세요

한글로 만들어요

- 여러 셀을 하나로 병합하는 방법을 알아보아요.
- 셀을 여러 셀로 나누는 방법을 알아보아요.

⊙ **연습파일 :** 시간표.hwp
◎ **완성파일 :** 시간표(완성).hwp

엄마 아빠에게 맛있는 음식을 만들려면 시간 계획을 세워야 해요. 셀을 병합하거나 나누는 방법을 알아보아요.

요리 시간표

시간	첫째날	둘째날	
09:00~09:30	쵸코렛 쿠키 만들기		
09:30~10:00			
10:00~10:30		과일 샐러드 만들기	
10:30~11:00			
11:00~11:30	케이크 만들기	샌드위치 만들기	테이블 준비하기
11:30~12:00			
12:00~12:30			

▲ 완성파일

① 파일을 불러온 후 그림과 같이 표에 블록을 설정하고 [표] 탭의 [셀 합치기(⊞)]를 클릭해요.

요리 시간표

시간	첫째날	둘째날
09:00~09:30	쵸코렛 쿠키 만들기	
09:30~10:00		
10:00~10:30		과일 샐러드 만들기
10:30~11:00		
11:00~11:30	케이크 만들기	
11:30~12:00		샌드위치 만들기
12:00~12:30		

② 블록으로 선택한 여러 셀이 하나로 합쳐져요. 같은 방법을 이용하여 그림과 같이 셀을 합쳐요.

③ 여러 셀로 나눌 셀을 선택한 후 [표] 탭의 [셀 나누기(▦)]를 클릭해요. [셀 나누기] 대화상자가 표시되면 그림과 같이 설정하고 [나누기] 단추를 클릭해요.

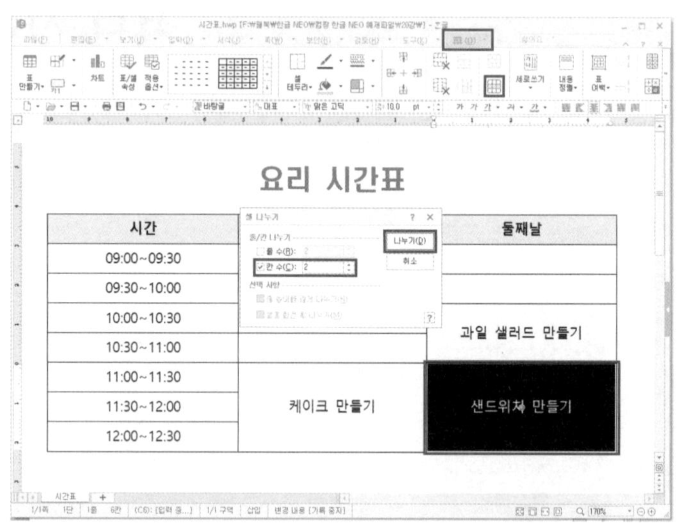

④ 하나의 셀이 두 개로 나누어지면 오른쪽 빈칸에 '테이블 준비하기'를 입력하여 완성해요.

요리 시간표

<table>
<tr><th>시간</th><th>첫째날</th><th colspan="2">둘째날</th></tr>
<tr><td>09:00~09:30</td><td rowspan="3">쵸코렛 쿠키 만들기</td><td colspan="2"></td></tr>
<tr><td>09:30~10:00</td><td colspan="2"></td></tr>
<tr><td>10:00~10:30</td><td colspan="2" rowspan="2">과일 샐러드 만들기</td></tr>
<tr><td>10:30~11:00</td><td></td></tr>
<tr><td>11:00~11:30</td><td rowspan="3">케이크 만들기</td><td rowspan="3">샌드위치 만들기</td><td rowspan="3">테이블 준비하기</td></tr>
<tr><td>11:30~12:00</td></tr>
<tr><td>12:00~12:30</td></tr>
</table>

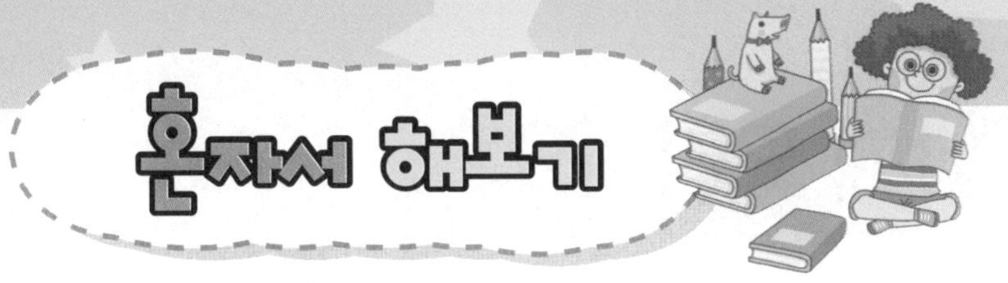

1 파일을 불러와 그림과 같이 내용을 입력해 완성해 보세요.

⊙ **연습파일** : 실습계획표.hwp
◎ **완성파일** : 실습계획표(완성).hwp

요리실습 계획표

<table>
<tr><th>월</th><th>실습1</th><th>실습2</th></tr>
<tr><td>3월</td><td rowspan="3">한식 요리
기초 1</td><td></td></tr>
<tr><td>4월</td><td rowspan="3">쉽게 만드는
홈 베이킹 1</td></tr>
<tr><td>5월</td></tr>
<tr><td>6월</td><td rowspan="3">한식 요리
기초 2</td></tr>
<tr><td>9월</td><td rowspan="3">쉽게 만드는
홈 베이킹 2</td></tr>
<tr><td>10월</td></tr>
<tr><td>11월</td><td></td></tr>
</table>

2 파일을 불러와 그림과 같이 완성해 보세요.

⊙ **연습파일** : 실습실사용.hwp
◎ **완성파일** : 실습실사용(완성).hwp

요리실습실 사용시간표

<table>
<tr><th>기간</th><th>요리실습실 1</th><th>요리실습실 2</th></tr>
<tr><td>10월 4일</td><td rowspan="3">2학년 1반
(1조, 2조)</td><td></td></tr>
<tr><td>10월 5일</td><td rowspan="3">2학년 3반
(1조, 2조)</td></tr>
<tr><td>10월 6일</td></tr>
<tr><td>10월 9일</td><td rowspan="3">2학년 2반
(3조, 4조)</td></tr>
<tr><td>10월 10일</td><td rowspan="3">2학년 4반
(3조, 4조)</td></tr>
<tr><td>10월 11일</td></tr>
<tr><td>10월 12일</td><td></td></tr>
</table>

21 친구들과 함께 요리해요.

학습 목표
- 친구들과 함께 만들 수 있는 요리에는 무엇이 있을까요?
- 친구들과 요리를 만들어 보았던 경험에 대해 이야기해 보아요.

월	일	타수

1 타자연습

- 친구들과 함께 만들 수 있는 요리는 어떤 것이 있는지 이야기를 나누어 보아요.
- 한컴타자연습에서 이야기를 타자로 연습해요.

⊙ **연습파일 :** 요리실습.txt

	타수
오늘은 학교에서 요리 실습을 하는 날이에요.	24
친구들과 함께 어떤 음식을 만들면 좋을까?	48
노랗게 껍질을 벗긴 감자가 들어간 샐러드를 만들어 볼까요?	81
감자를 뜨거운 물에 푹 삶고 숟가락으로 으깨어 놔요.	111
오이와 당근은 조그맣게 다지고 소금으로 간을 해요.	140
커다란 그릇에 모두 넣고 마요네즈와 함께 버무리면 완성돼요.	174
빵에 넣어 맛있는 감자 샐러드 샌드위치를 만들어요.	203
친구들과 함께 하는 요리 실습은 너무 재미있어요.	231

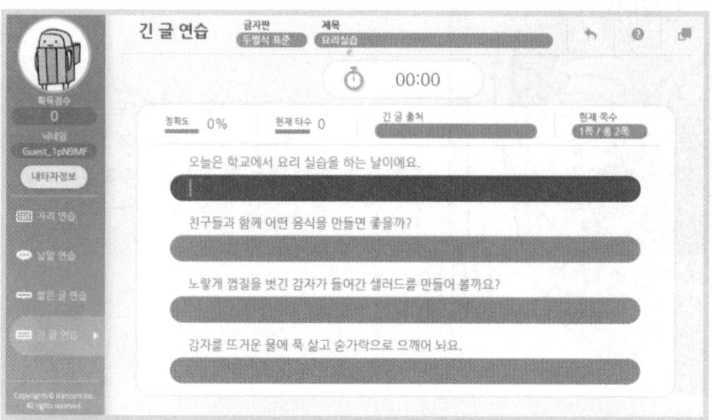

▲ 실습예제

궁금해요

친구들과 함께 요리를 만드는 것은 재미있어요. 같이 만든 음식을 선생님, 친구들과 함께 나누어 먹는 것은 더 즐겁겠죠? 실습시간에 함께 요리할 때에는 언제나 다치지 않도록 조심해야 해요. 친구들과 함께 만들 수 있는 요리에는 어떤 것이 있는지 이야기해 보아요.

2 이야기 그리기

- 친구들과 함께 샐러드를 만들어 볼까요?
- 커다란 그릇에 채소 친구들이 모여 있어요. 예쁘게 색을 칠해 완성해 보아요.

⊙ **연습파일 :** 샐러드.gif

작업예제

완성예제

그림판에서 샐러드 그림을 불러온 후 그릇 속에 모여 있는 채소 친구들을 [색 채우기] 툴로 색을 채워 완성해요.

따라해보세요

한글로 만들어요

- 표의 데이터를 자동으로 계산하는 방법을 알아보아요.

⊙ 연습파일 : 칼로리.hwp
◎ 완성파일 : 칼로리(완성).hwp

칼로리가 너무 높은 음식을 먹으면 건강에 좋지 않아요. 열심히 운동하면 칼로리를 얼마나 소모할 수 있는지 표를 이용해 계산해 보아요.

운동 후 칼로리 계산표

운동(10분)	체중 50kg	체중 60kg	평균
산책하기	25	26	25.50
자전거타기	31	34	32.50
스트레칭체조	25	25	25.00
춤추기	34	41	37.50
볼링	29	33	31.00
요가	28	25	26.50
합계	172	184	178.00

▲ 완성파일

① 파일을 불러온 후 그림과 같이 블록을 설정하고 [표] 탭에서 [계산식]–[블록 합계]를 클릭해요.

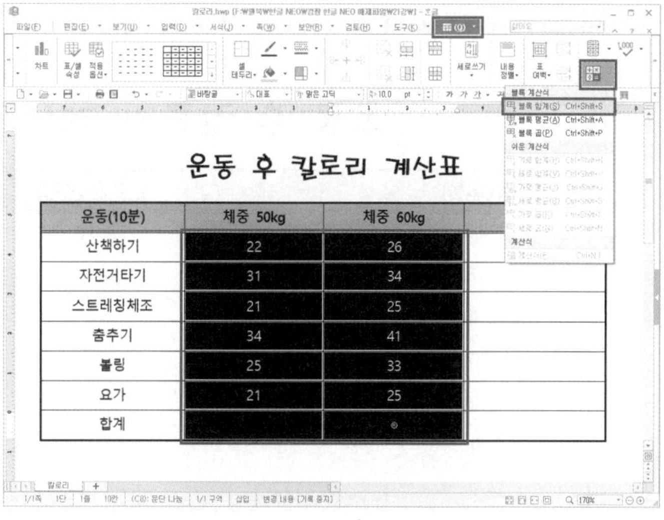

② 블록으로 선택한 부분의 합계를 구해 비어 있는 셀에 입력한 것을 확인할 수 있어요.

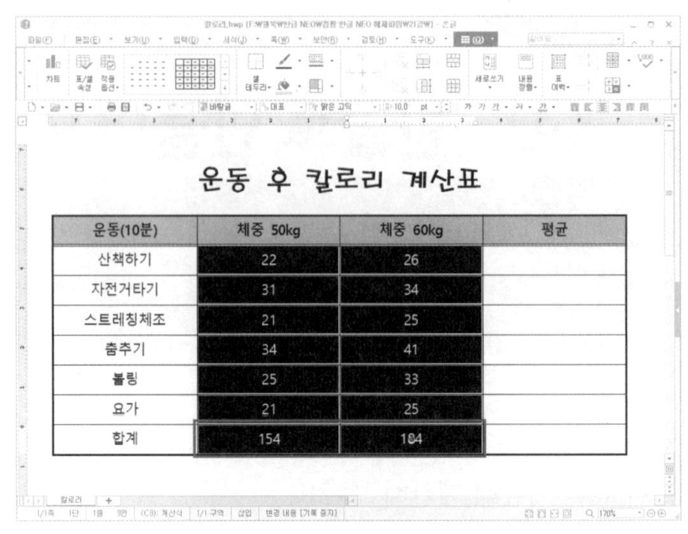

③ 평균을 구하기 위해 그림과 같이 블록을 설정하고 [표] 탭에서 [계산식]–[블록 평균]을 클릭해요.

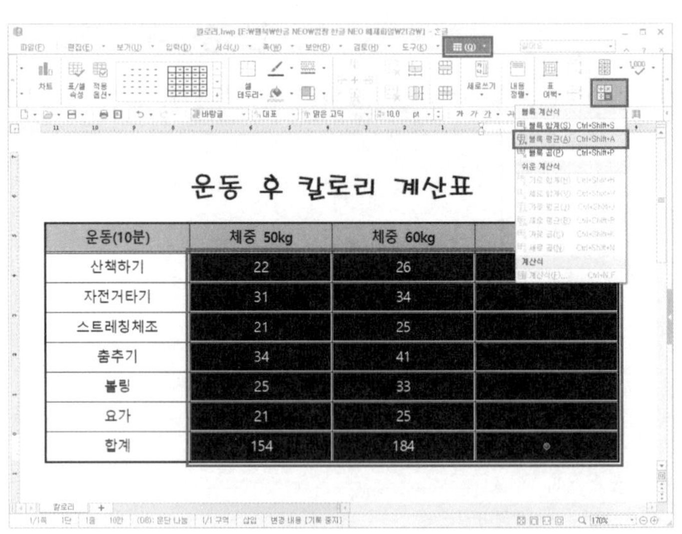

④ 비어 있는 셀에 평균이 구해진 것을 확인할 수 있어요. 그림처럼 입력되어 있는 값을 바꾸면 결과 값도 함께 바뀌는 것을 알 수 있어요.

운동 후 칼로리 계산표

운동(10분)	체중 50kg	체중 60kg	평균
산책하기	25	26	25.50
자전거타기	31	34	32.50
스트레칭체조	25	25	25.00
춤추기	34	41	37.50
볼링	29	33	31.00
요가	28	25	26.50
합계	172	184	178.00

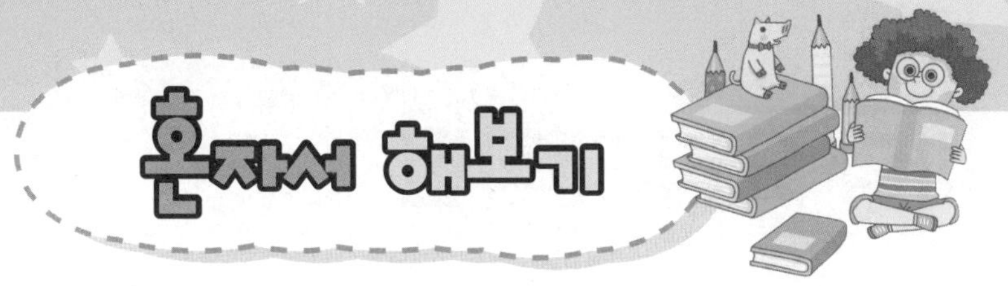

1 표에 입력되어 있는 값을 블록 계산식을 이용하여 계산해 보세요.

⊙ **연습파일 :** 재료비.hwp
◎ **완성파일 :** 재료비(완성).hwp

요리실습 재료비

재료이름	1학기	2학기	평균
피망	3,000	2,000	2,500.00
감자	3,000	4,000	3,500.00
고구마	3,000	3,500	3,250.00
양파	2,000	1,500	1,750.00
당근	2,000	3,000	2,500.00
오이	2,000	2,500	2,250.00
합계	15,000	16,500	15,750.00

2 표에 입력되어 있는 값을 자동으로 계산해 보세요.

⊙ **연습파일 :** 신체검사.hwp
◎ **완성파일 :** 신체검사(완성).hwp

2학년 1반 키와 몸무게

이름	키	몸무게
김태성	130cm	30kg
전유리	135cm	28kg
박상우	132cm	32kg
전주영	134cm	35kg
박선영	136cm	30kg
평균	**133.40cm**	**31.00kg**
합계	**531cm**	**125kg**

22 서바이벌 바다 요리 대작전

학습 목표

- 자연 속에서 구할 수 있는 음식 재료에는 무엇이 있을까요?
- 친구들이 무인도에 있다면 어떤 음식을 만들 수 있을지 알아보아요.

월	일	타수

맛있는 바다 요리를 만들어 봐요!

에피소드 1

타자연습

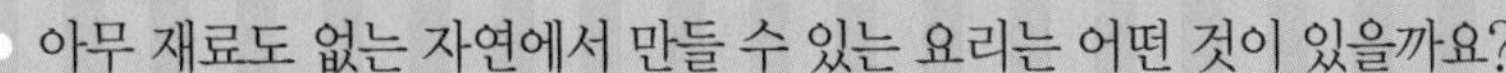

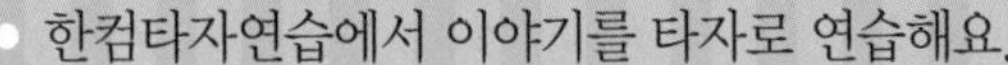

⊙ **연습파일 :** 서바이벌요리.txt

	타수
오늘은 가족들과 섬으로 놀러 가는 날이에요.	24
아차! 무엇을 빼먹었나 했더니 음식 재료가 없어요.	53
가족들과 섬에서 요리할 수 있는 재료들을 찾아요.	81
아빠는 바닷가에서 낚시를 해 큰 물고기를 잡았어요.	110
엄마는 갯벌 속에 꼭꼭 숨어 있는 조개를 많이 찾아냈어요.	143
나는 섬에 사는 분들에게 신선한 채소들을 구했어요.	172
불을 피우고 석쇠에 구우니 맛있는 바다 음식이 완성됐어요.	205
자연 속에서 맛있는 음식 재료들을 찾을 수 있었어요.	235

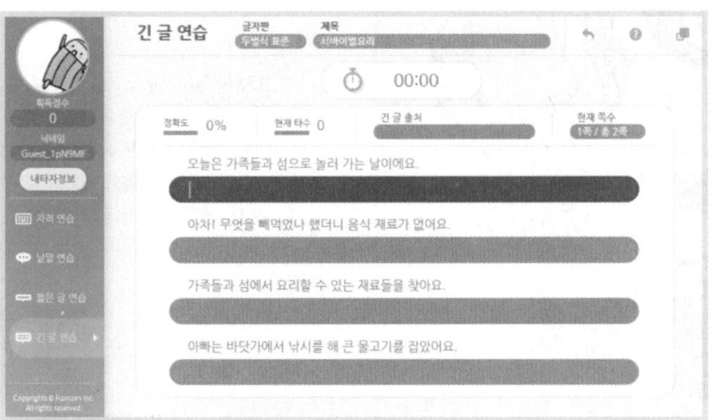

▲ 실습예제

궁금해요

자연에서 우리가 먹을 수 있는 많은 음식 재료를 찾을 수 있어요. 신선하고 건강한 재료를 계속 얻으려면 깨끗한 자연이 간직되도록 노력해야 해요. 바다와 산에서는 물고기와 채소, 나무 열매 등 많은 재료를 찾을 수 있어요. 하지만 독버섯과 같은 나쁜 것들도 있으니 아무것이나 무조건 먹으면 큰일 나요.

에피소드 2

이야기 그리기

- 바다에서 우리가 먹을 수 있는 음식 재료는 무엇이 있을까요?
- 색을 칠해 그림을 완성하고 우리가 먹을 수 있는 재료만 동그라미로 표시해요.

⊙ **연습파일 :** 바다재료.gif

작업예제

완성예제

그림판에서 바다재료 그림을 불러온 후 [색 채우기] 툴로 색을 채워요. [브러시] 툴로 먹을 수 있는 음식 재료에 동그라미를 그려 완성해요.

따라해보세요

한글로 만들어요

- 표의 데이터를 이용하여 차트로 만드는 방법을 알아보아요.

⊙ **연습파일** : 조개잡이.hwp
◎ **완성파일** : 조개잡이(완성).hwp

누가 조개를 더 많이 잡았는지 쉽게 알아볼 수 있는 방법이 있을까요? 차트를 만들면 얼마나 많이 잡았는지 쉽게 알 수 있어요.

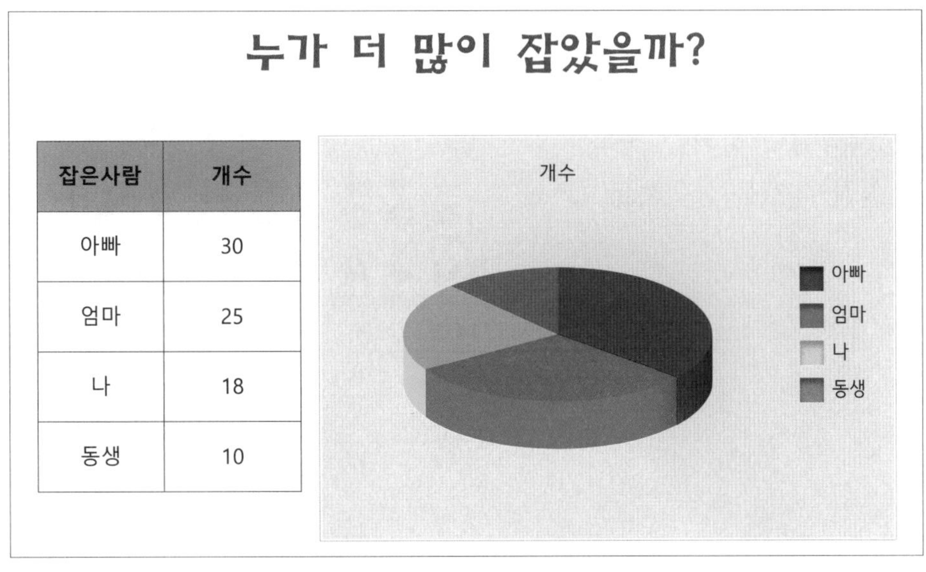

▲ 완성파일

① 파일을 불러온 후 사용할 데이터 부분을 블록 설정하고 [표] 탭에서 [차트( )]를 클릭해요. 문서에 자동으로 차트가 삽입된 것을 확인할 수 있어요. 차트를 표 오른쪽으로 드래그하여 위치와 크기를 바꿔요.

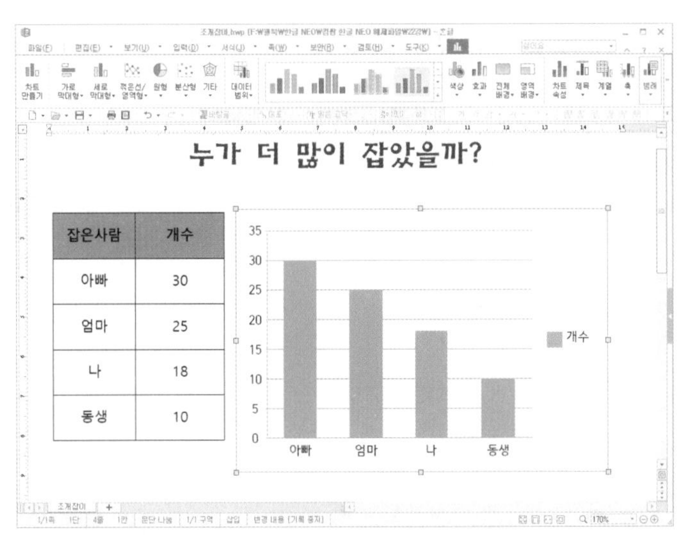

② 차트 데이터의 방향을 바꾸기 위해 삽입된 차트를 선택하고 [차트] 탭의 [데이터 범위]-[행]을 클릭해요.

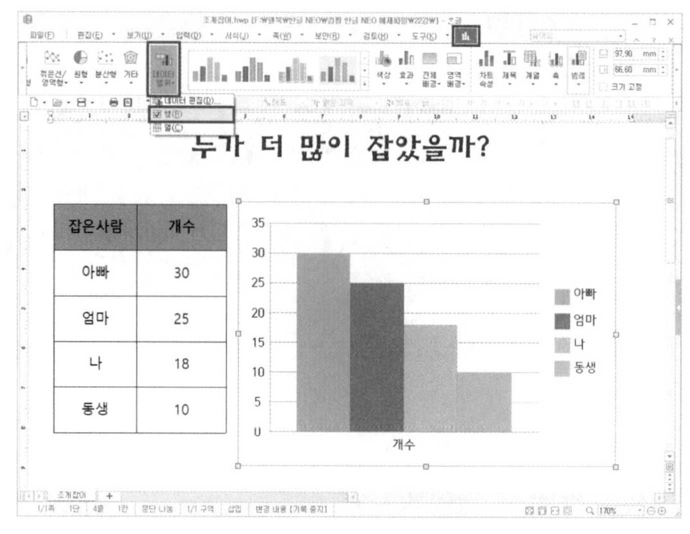

③ 차트 모양을 바꾸기 위해 [차트] 탭의 [원형]을 클릭해 표시되는 목록에서 '3차원 설정 원형'을 선택해요.

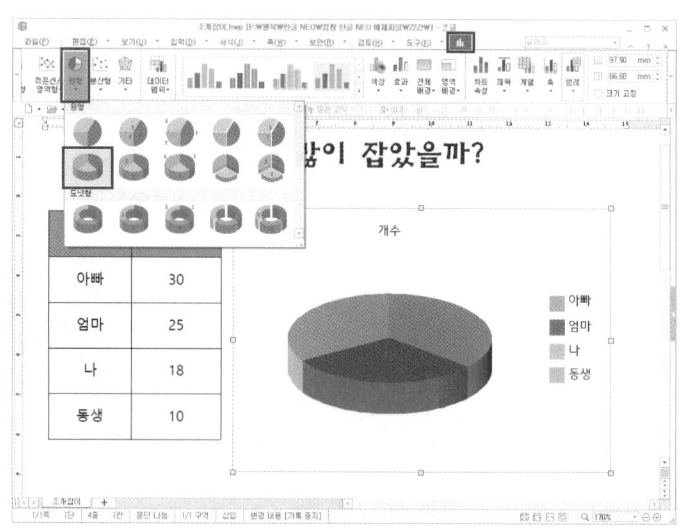

④ 차트의 색을 바꾸기 위해 [차트] 탭에서 [자세히]를 클릭해요. 차트 스타일 목록이 표시되면 '회색/노란색/파란색 혼합, 그림자 모양, 연회색 배경'을 선택해요.

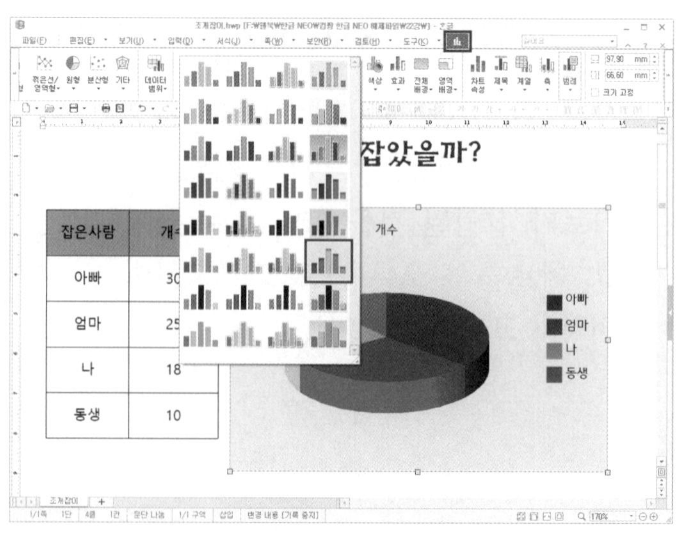

혼자서 해보기

1 표에 입력되어 있는 데이터를 이용하여 그림과 같은 차트를 만들어 보세요.

⊙ **연습파일 :** 키.hwp
◎ **완성파일 :** 키(완성).hwp

2학년 3반 신체검사표

이름	정민주	한아름	김민지	조수호	염성혜	박지환	이영우
키	132cm	135cm	140cm	130cm	128cm	130cm	135cm

2 표에 입력되어 있는 데이터를 이용하여 그림과 같은 차트를 만들어 보세요.

⊙ **연습파일 :** 음식가격.hwp
◎ **완성파일 :** 음식가격(완성).hwp

바자회 음식가격표

이름	가격
김치부침개	2,000원
통감자	1,500원
옥수수구이	1,200원
도너츠	800원
과일주스	1,000원

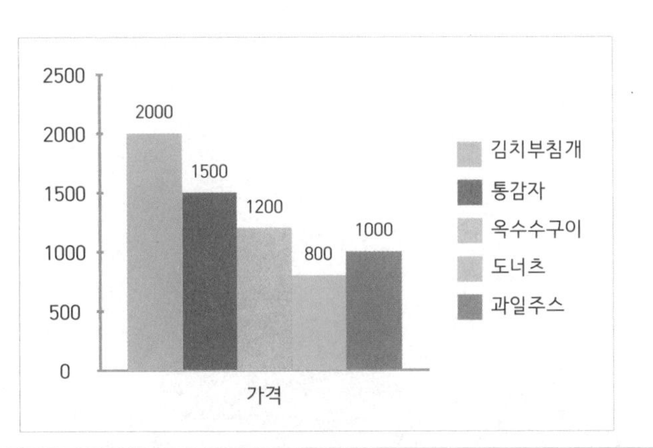

23 생일 케이크를 만들어요!

학습 목표

- 친구들에게 만들어 주고 싶은 생일 케이크 모양을 이야기 나누어요.
- 생일파티에 어울리는 음식에 대해 알아보아요.

월	일	타수

에피소드 1

타자연습

- 친구의 생일에 직접 만든 케이크를 선물하면 좋아하겠죠?
- 한컴타자연습에서 이야기를 타자로 연습해요.

⊙ **연습파일 :** 생일케이크.txt

	타수
내일은 사랑하는 친구의 생일이에요.	19
내가 가장 잘하는 요리 실력을 보여 주고 싶었어요.	48
밀가루를 반죽하여 오븐에 구워 폭신한 빵을 만들어요.	78
맛있는 냄새가 나는 빵을 동그랗게 잘라 모양을 만들고,	109
하얀 생크림을 듬뿍 발라서 예쁘게 케이크를 만들어요.	139
친구가 좋아하는 초콜릿으로 장식을 하고 이름도 써넣었어요.	173
보기만 해도 기분이 좋아지는 케이크를 친구가 좋아하겠죠?	205
"사랑하는 친구야! 생일을 너무너무 축하해!"	231

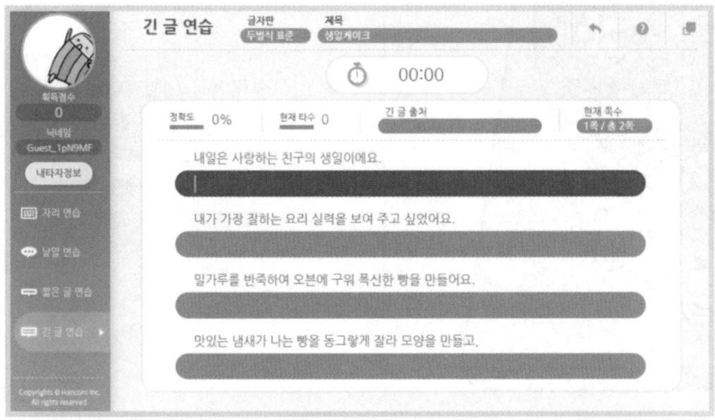

▲ 실습예제

궁금해요

밀가루와 달걀로 반죽을 하여 오븐에 굽고 빵 위에 크림을 바른 후 예쁘게 장식하면 누구나 케이크를 만들 수 있어요. 오븐이 없다면 카스텔라와 같은 빵에 생크림을 발라 만들어도 돼요. 좋아하는 친구들의 생일날에 내가 직접 만든 케이크를 선물하면 기억에 남는 생일선물이 될 거예요. 친구들이 내 솜씨에 놀랄지 몰라요.

2 이야기 그리기

- 친구의 생일날 멋진 케이크를 만들어 볼까요?
- 예쁜 색을 채워 만들고 케이크 위에 브러시로 글자를 입력해 보아요.

⊙ **연습파일 :** 생일케이크.gif

작업예제

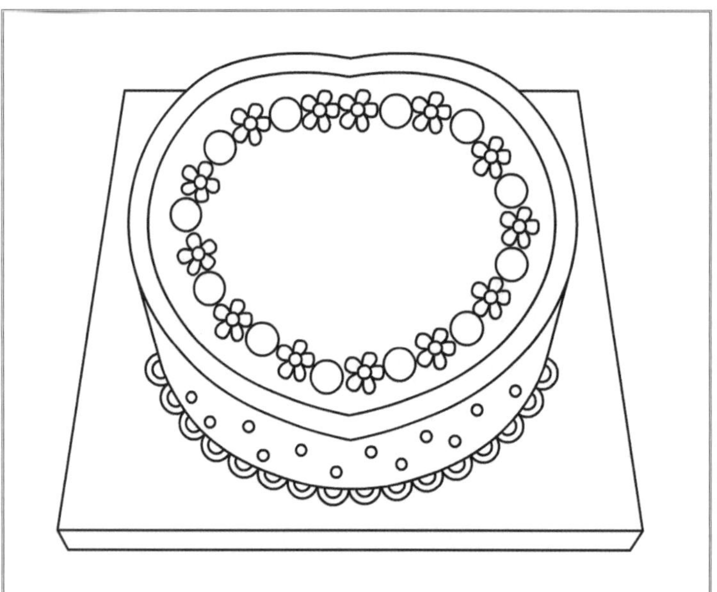

완성예제

그림판에서 생일케이크 그림을 불러온 후 [색 채우기] 툴로 색을 채워요. [브러시] 툴로 친구들에게 생일 축하 메시지를 적어 완성해요.

따라해보세요

한글로 만들어요

- 표마당을 이용하여 표 서식을 바꾸는 방법을 알아보아요.

⦿ 연습파일 : 케이크.hwp
◎ 완성파일 : 케이크(완성).hwp

친구들에게 맛있는 케이크를 만들어줄 거예요. 우리가 먹는 케이크는 칼로리가 얼마나 되는지 알아보고 표마당으로 서식을 적용해 보아요.

맛있는 케이크 만들기

이름	분량(g)	나트륨(mg)	식이섬유(g)	열량(kcal)
고구마케이크	82g	55mg	0g	220kcal
치즈케이크	72g	220mg	0g	215kcal
티라미수	71g	105mg	0g	240kcal
생크림케이크	70g	45mg	0g	185kcal
초콜릿케이크	95g	65mg	0g	240kcal

▲ 완성파일

① 파일을 불러온 후 표 테두리를 클릭하여 선택하고 [표]-[표마당]을 클릭해요. 블록으로 설정하면 표마당을 사용할 수 없어요.

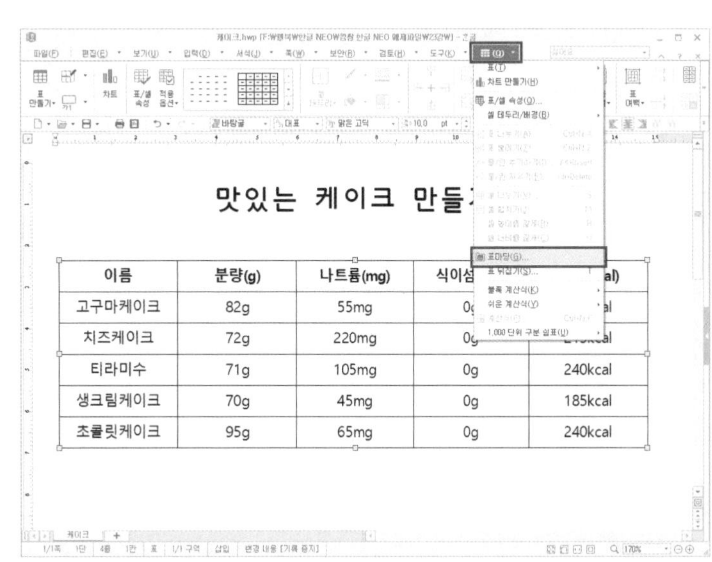

② [표마당] 대화상자의 [표마당 목록]에서 '밝은 스타일 1-붉은 색조'를 선택하고 [설정] 단추를 클릭해요.

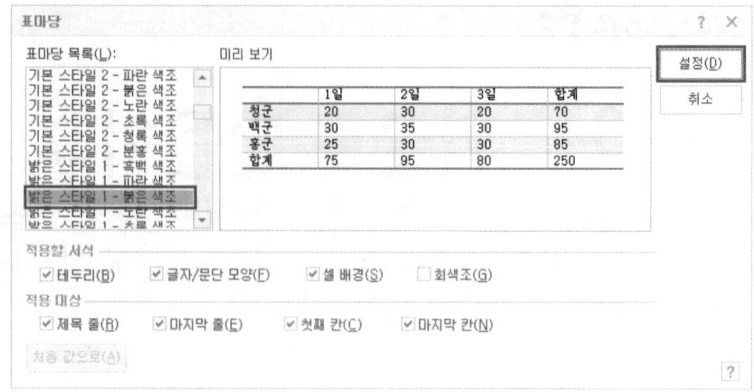

③ 서식이 적용되어 있지 않던 표 전체에 선택한 표마당의 서식이 자동 적용돼요. 표마당 서식을 변경하기 위해 다시 [표]-[표마당]을 클릭해요.

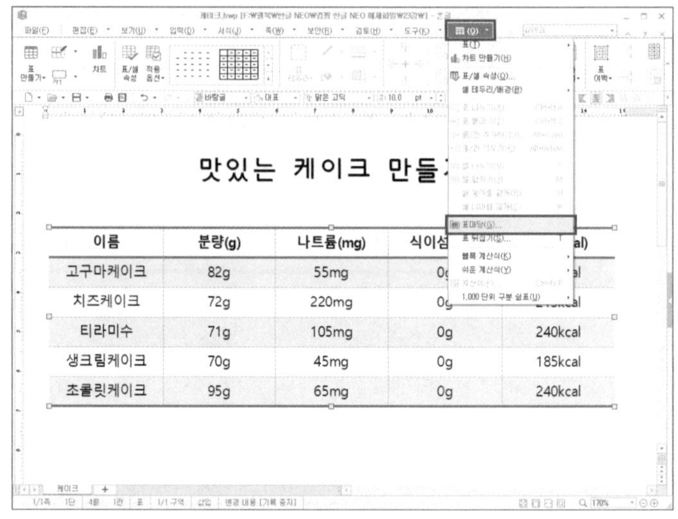

④ [표마당] 대화상자의 [적용할 서식]에서 '보통 스타일 3-흑백 색조'를 선택하고 [설정] 단추를 클릭해요. 표에 적용된 색이 회색 계열로 바뀌어요.

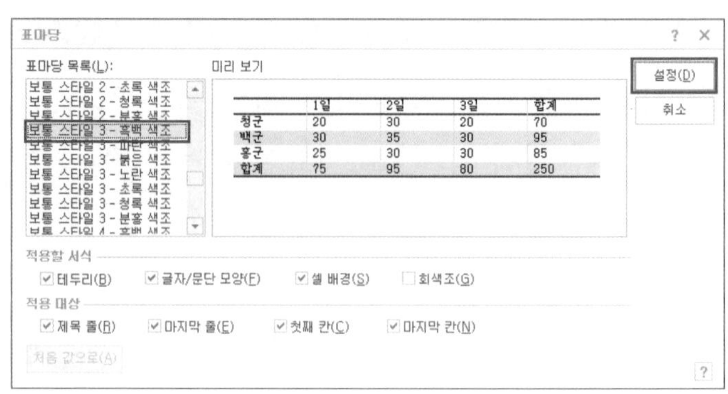

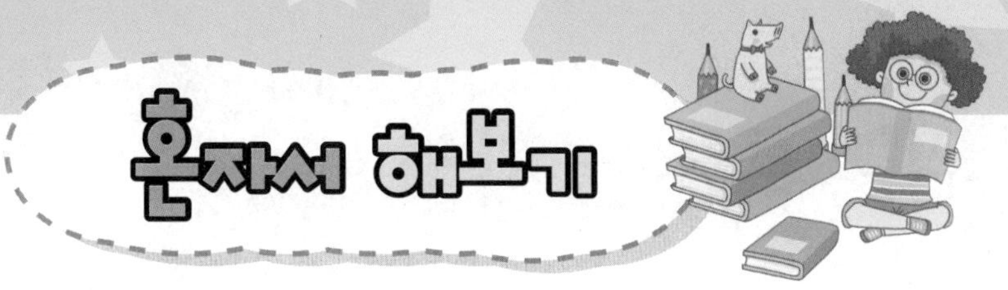

1 표마당을 이용하여 그림과 같이 표에 서식을 적용해 보세요.

⊙ **연습파일 :** 생일.hwp
◎ **완성파일 :** 생일(완성).hwp

친구들의 생일날

이름	김유리	정상호	유영주	이민호	박정우
날짜	1월 4일	2월 5일	3월 12일	4월 5일	5월 21일
이름	정소리	박지유	김주민	오영훈	조수영
날짜	5월 28일	6월 18일	7월 21일	8월 13일	9월 11일

2 표마당을 이용하여 그림과 같이 표에 서식을 적용해 보세요.

⊙ **연습파일 :** 케이크재료.hwp
◎ **완성파일 :** 케이크재료(완성).hwp

시폰케이크 만들기 재료

이름	분량	조리시간
밀가루(박력분)	200g	1시간
달걀	5개	
설탕	100g	
식물성 기름	100g	
장식용 생크림	500g	

24 친구들을 위한 특별한 파티

학습 목표
- 친구들이 좋아하는 음식에 대해 이야기를 나누어 보아요.
- 친구에게 꼭 만들어 주고 싶은 음식에는 무엇이 있을까요?

월	일	타수

나도 이제
멋진 요리사라구요!

에피소드

1 타자연습

- 친구들에게 내 요리 솜씨를 자랑해 볼까요? 친구들이 좋아하는 음식은 어떤 것이 있는지 생각해 보아요.
- 한컴타자연습에서 이야기를 타자로 연습해요.

⊙ **연습파일** : 파티요리.txt

	타수
그동안 배웠던 요리 실력을 친구들에게 보여 줄까요?	28
친구들이 좋아하는 재료를 듬뿍 넣은 햄버거를 만들어요.	59
새콤달콤한 과일을 얼음과 함께 갈아 주스를 만들어요.	89
귀여운 동물 모양으로 맛있는 초콜릿 쿠키도 만들어요.	119
이빨이 빠진 친구들을 위해 말랑한 푸딩도 만들었어요.	149
예쁜 초대장도 만들어 사랑하는 친구들에게 보내요.	177
내가 혼자 만들었다면 친구들이 깜짝 놀라겠죠?	203
이제 나도 어엿한 꼬마 마스터 셰프예요.	226

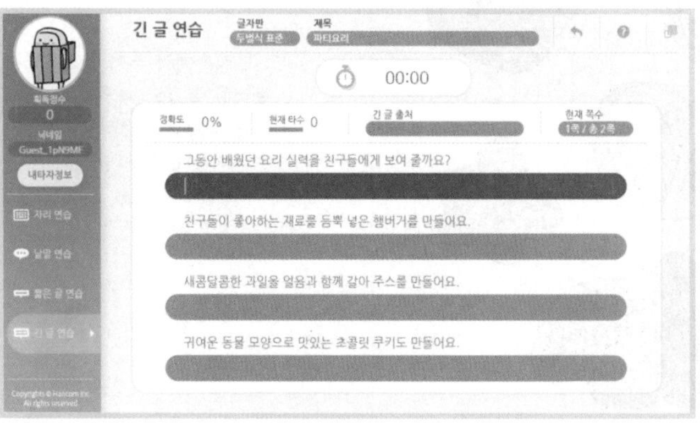

 실습예제

궁금해요

파티 음식을 준비할 때에는 초대한 손님들이 어떤 음식을 좋아하는지 먼저 생각해야 해요. 좋아하는 음식으로 차리고, 파티의 성격에 따라 손으로 쉽게 집어먹을 수 있도록 음식을 작게 만드는 것도 좋아요. 준비한 음식이 빨리 떨어지지 않도록 충분히 준비하는 것도 중요해요!

2 이야기 그리기

- 좋아하는 친구들에게 파티에 선보일 쿠키를 만들어 볼까요?
- 브러시로 예쁜 모양으로 쿠키를 만들고 색을 채워 만들어 보아요.

⊙ **연습파일 :** 쿠키.gif

작업예제

완성예제

그림판에서 쿠키 그림을 불러온 후 [색 채우기] 툴로 색을 채워요. [브러시] 툴을 이용하여 좋아하는 모양의 쿠키를 그리고 색을 채워 완성해요.

따라해보세요

3 한글로 만들어요

• 배운 내용을 이용하여 문서를 꾸미는 방법을 알아보아요.

⊙ **연습파일 :** 초대장.hwp
◎ **완성파일 :** 초대장(완성).hwp

친구들에게 그동안 배운 멋진 요리 솜씨를 보여 줄까요? 그동안 배운 기능을 이용하여 문서를 예쁘게 꾸며 보아요.

초대합니다!

나 너 우리

♥사랑하는 우리 반 친구들아!
이번 주 토요일에 우리집에 올 수 있니?★
♬그동안 배운 요리 솜씨를 보여줄꺼야!
맛있는 음식들을 많이 준비할거야.♠
◎꼭 와서 재미있는 시간이 되었으면 좋겠어.
다른 친구들에게도 꼭 알려줘!☎

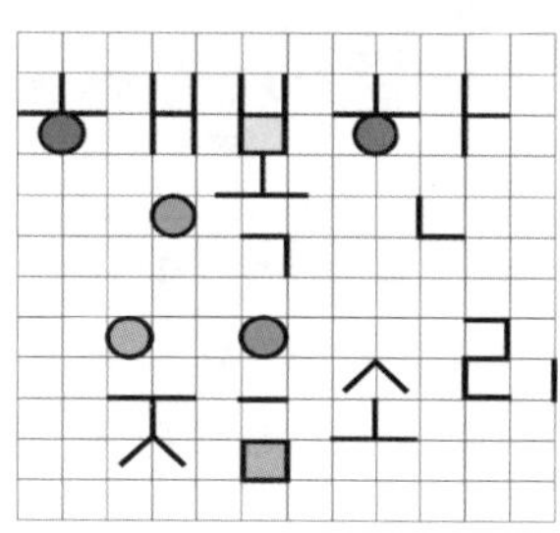

▲ 완성파일

① 파일을 불러온 후 글맵시를 이용하여 입력되어 있는 글 위에 그림과 같이 멋진 제목을 만들어 넣어요.

사랑하는 우리 반 친구들아!
이번 주 토요일에 우리집에 올 수 있니?
그동안 배운 요리 솜씨를 보여줄꺼야!
맛있는 음식들을 많이 준비할거야.
꼭 와서 재미있는 시간이 되었으면 좋겠어.
다른 친구들에게도 꼭 알려줘!

② [그리기 마당]의 [공유 클립아트]에서 그림과 같은 그림을 찾아 글자들과 어울리도록 배치해요.

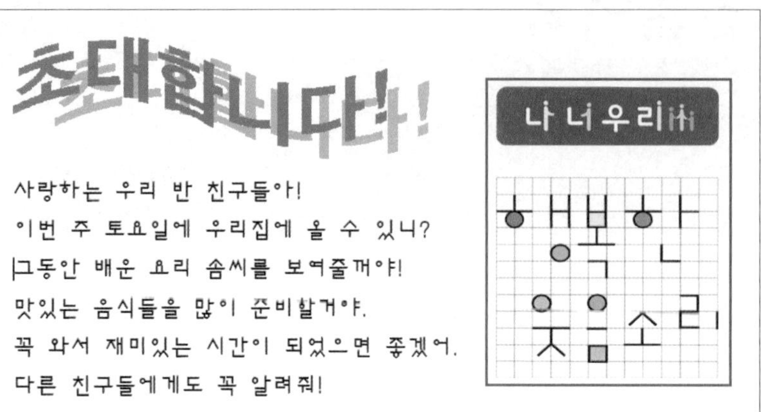

③ [문자표]를 이용하여 글자를 재미있게 꾸며 보세요.

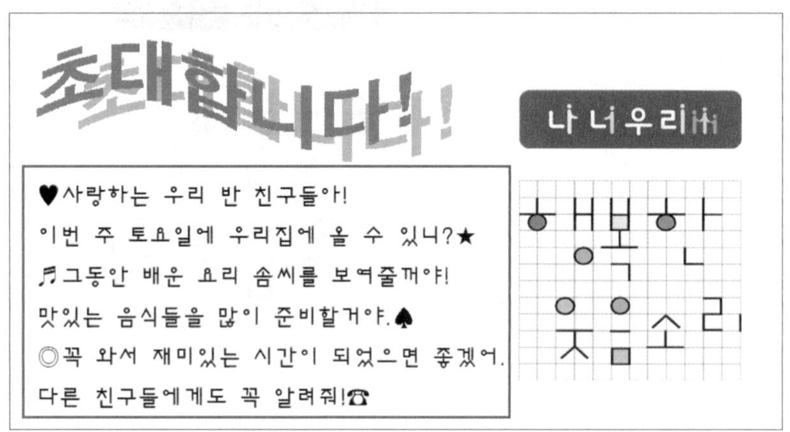

④ 친구들이 원하는 글자 모양을 적용하여 예쁘게 초대장을 꾸며 보세요.

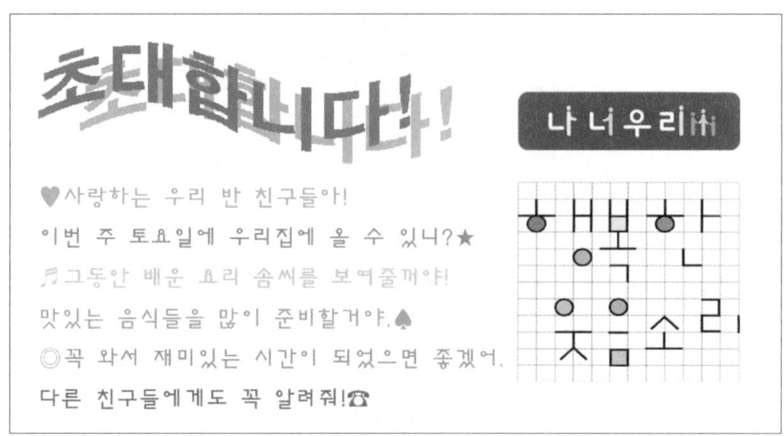

1 그림과 같이 문서를 예쁘게 꾸며 완성해 보세요.

⊙ **연습파일 :** 비빔밥.hwp
◎ **완성파일 :** 비빔밥(완성).hwp

맛있는 비빔밥 레시피

1. 쇠고기는 채 썰어 양념하여 살짝 볶고 다녀놔요.
2. 양념한 쇠고기를 동그랗게 빚어 프라이팬에 지져요.
3. 달걀을 타원형으로 부쳐 놓아요.
4. 버섯은 미지근한 물에 불려 채썰어요.
5. 오이와 무는 곱게 썰어 볶아서 준비해요.
6. 도라지는 소금물에 삶은 후 볶아요.
7. 그릇에 밥을 담고 준비한 재료를 예쁘게 올려요.

요리재료	분량
쇠고기	300g
표고버섯	40g
오이	300g
무	450g
도라지	200g
고사리	200g

2 그림과 같이 문서를 예쁘게 꾸며 완성해 보세요

⊙ **연습파일 :** 멋진요리사.hwp
◎ **완성파일 :** 멋진요리사(완성).hwp

멋진 요리사가 될래요!

♣어리다고 요리를 못한다구요?
아직은 어리지만 하나씩 배우면♬
어른이 되었을 때에는 멋진 요리사가 될꺼예요.♥
▶세계의 모든 요리들을 척척 만들꺼예요.
맛있는 한식도 외국 친구들에게 알려줄꺼예요.♠
나는 멋진 어린이 요리사예요!